▶ 交通运输类"十三五"创新教材
▶ 海船船员培训合格证考试培训教材

U0630881

基本安全
——个人求生

主　编 ◉ 金奎光　孙　健　宋　哲
主　审 ◉ 刘书平

大连海事大学出版社

图书在版编目(CIP)数据

基本安全. 个人求生 / 金奎光, 孙健, 宋哲主编
. —大连 : 大连海事大学出版社, 2020.6(2021.6 重印)
海船船员培训合格证考试培训教材
ISBN 978-7-5632-3919-1

Ⅰ.①基… Ⅱ.①金… ②孙… ③宋… Ⅲ.①海难救
助—资格考试—教材 Ⅳ.①U698②U676.8

中国版本图书馆 CIP 数据核字(2020)第 087093 号

大连海事大学出版社出版

地址:大连市凌海路1号 邮编:116026 电话:0411-84728394 传真:0411-84727996
http://press. dlmu. edu. cn E-mail:dmupress@ dlmu. edu. cn

大连金华光彩色印刷有限公司印装 大连海事大学出版社发行

2020 年 6 月第 1 版 2021 年 6 月第 3 次印刷
幅面尺寸:170 mm×240 mm 印张:8.5
字数:175 千 印数:10001~15000 册

出版人:刘明凯

责任编辑:张 华 责任校对:刘长影
封面设计:解瑶瑶 版式设计:解瑶瑶

ISBN 978-7-5632-3919-1 定价:31.00 元

前言

随着国际海事组织及世界主要航运国家对船舶运输中船员人身安全、船舶安全、海洋环境保护等方面的重视程度的日益提高,国际公约、规则,港口国监督,行业组织的审核要求的提高和更新步伐明显加快。与之相对应的是对船员的,特别是对努力扩展国外劳务市场的中国船员的个人安全意识和安全操作水平等基本素质和能力的要求也越来越高。

国际海事组织于 2010 年对《海员培训、发证和值班标准国际公约 78/95》进行全面修订,通过了《1978 年海员培训、发证和值班标准国际公约马尼拉修正案》,该修正案对海船船员培训合格证培训、发证提出了新的要求。为全面履约,提高我国海员的培训质量,交通运输部于 2017 年发布了《海船船员培训大纲(2016 版)》,对海船船员培训合格证的适任要求,培训的理论知识、实践技能,评价标准及学时等做出了详细规定。

为了更好地配合我国的履约工作,更好地按照《海船船员培训大纲(2016 版)》要求,在新形势、新要求下推进并完善海船船员培训工作,增强海船船员的个人安全意识,提高海船船员的专业技能,大连海事大学航海训练与工程实践中心组织有丰富培训教学经验和航海实践经验的教师编写并审定了本套"海船船员培训合格证考试培训教材"。

本套教材满足《1978 年海员培训、发证和值班标准国际公约马尼拉修正案》和《海船船员培训大纲(2016 版)》对海船船员培训合格证的各项要求,紧密结合我国有关船员职业培训最新规定,知识点全面,图文并茂,易于学员学习、理解。为方便任课教师教学,编者提供了课件,扫描书后课件二维码下载,或从二维码下所列的网址下载。为方便学员学习及自测,及时了解个人对所学知识掌握程度,教材提供了练习题,学员可以通过手机扫描书后二维码注册,再扫描每节后二维码获得。

《基本安全——个人求生》由金奎光、孙健、宋哲主编,金奎光统稿。正高级研究员刘书平主审,曹铮、陈馨、贾京凯参与了本书的编写。大连海事局船员处和各培训机构在本书的编写过程中给与了很大的帮助,在此表示感谢。

航海科技日新月异,相关国际公约、各国法律法规、行业标准和规定也不断进步完善,本套教材未尽之处敬请广大同仁和读者批评斧正。

大连海事大学航海训练与工程实践中心

2020 年 5 月 25 日

目录

第一章

海上求生概述

第一节　海上运输风险

　　海洋运输是国际间商品交换中最重要的运输方式之一,货物运输量占全部国际货物运输量的比例大约在80%以上。它利用天然海洋通道,具有运量大、成本低等优点,是其他运输方式无法比拟的。然而,海洋运输历来也是高风险行业,人员、货物、机器设备和能量系统被集中到船上有限的空间内,相互间的干扰容易引发事故。此外,船舶航行于急流、狂风、巨浪或浓雾中,也难免会发生海上事故,给人命、船舶和海洋环境带来严重威胁。

　　船舶运输风险来自如下几个方面。

一、船舶事故

　　船舶发生的各种事故,如碰撞、抵碰、搁浅、爆炸、火灾、漏沉、灌沉、倾覆、失踪、遗弃、触碰等,统称为船舶事故。

　　(1)碰撞(Collision),是指两艘或两艘以上在航船舶之间的相互接触,并有严重损坏发生的事故。

　　(2)抵碰(Striking),是指在航船舶与固定物体或不在航船舶之间相接触,并有严重损坏发生的事故。

　　(3)搁浅(Stranding,Grounding),是指故意或非故意使船舶与海底接触,并由于重力作用而固定在其接触的海底上。

　　(4)爆炸(Explosion),是指第一项灾情为爆炸的事故。

　　(5)火灾(Fire Accident),是指第一项灾情为失火的事故。

（6）漏沉（Sinking），是指由于水从船舶水线以下部位灌入船内而致的沉没。

（7）灌沉（Foundering），是指由于水从船舶水线以上部位灌入船内而致的沉没。

（8）倾覆（Capsizing），是指因船体破损或外力过大造成船体失衡，无法恢复正常浮态，船无法继续航行。

（9）冰损（Ice Damage），即由于与冰接触而致的损坏。

（10）损坏（Damage），即船体或设备受到损坏，但残骸尚存。

（11）灭失（Loss），即残骸已不存在的船损。

（12）失踪（Missing），船舶因不明原因失去音信（常为 60 天以上）。

二、货物的损坏和灭失

（1）货物损坏（Damage to Cargo）。因变质、短量等造成的货物质量或数量上的变化称为货物损坏。

（2）货物灭失（Loss of Cargo）。因泄漏、遗弃、抛弃、落水等而产生的货物损失称为货物灭失，但正常的短量除外。

三、人员伤亡

（1）海上伤亡（Marine Casualty），系指人员在船上作业、自船上落下或与船舶或其构件接触而发生的受伤或死亡。

（2）死亡（Fatality），包括失踪、当即死亡及治疗无效而死亡。

（3）受伤（Injury），是指较严重的非经医学治疗不能康复的损伤。

四、环境和经济效益的损害

海洋环境的污染包括陆源污染、船舶污染、海洋倾废污染以及人类海底活动引起的污染，其中船舶污染是海洋环境污染的主要原因之一。特别是随着世界经济一体化进程的不断加快，全球性的海上航运贸易得到空前发展，营运航行的船舶数量与日俱增，世界船舶的总吨位数不断增加，这就导致船舶在海上航行、港口停泊、装卸货物及拆解过程中，对周围水域环境及大气环境造成污染的机率也大大增加了。

船舶污染造成的损害除了环境损害还包括经济效益的损失，具体体现在以下几方面：

（1）造成海洋生物死亡或发生畸形，造成水产资源损害，破坏海洋的生态平衡。

（2）使得海洋食品中毒素不断聚集，危及人类的食物源，危害人类健康。

（3）造成浮游生物死亡，降低海洋吸收二氧化碳的能力，加速温室效应。

（4）妨碍人类包括渔业活动在内的各种海洋活动，影响对海洋的开发和利用。

（5）破坏海水品质，降低海水的使用舒适程度，造成旅游损失等。

五、海上险情

海上险情（Near Accident）是指对海上人命安全、水域环境构成威胁，需立即采取措

施控制、减轻和消除的各种事件。发生下列情况,可以认为发生了海上险情:

(1)人员落水;

(2)船舶(100总吨以上)非故意擦底但未搁浅;

(3)船舶触碰海底电缆、海底管线或其他海底设备;

(4)与固定或非固定物体或船舶发生触碰(Contact);

(5)卷入碰撞险情(Near Miss)中或紧迫局面(Close Quarters);

(6)机械发生故障;

(7)货物移动或货物落水;

(8)船舶故意搁浅或抢滩以避免危险;

(9)危险品泄漏;

(10)当值人员由于身体原因或精神原因不能履行职责。

第二节　海上求生

一、海上求生的定义

船舶在海上遭遇自然灾害(Natural Calamities)或其他意外事故(Fortuitous Accidents)所造成的灾难称为海难。自然灾害是指不以人的意志为转移的自然界力量所引起的灾害,而意外事故是指由于偶然所造成的事故。海难是一种造成严重后果的灾难性事故,表现为人命伤亡和物质损坏或灭失。海难发生后,船舶应立即采取应急措施,尽力自行抢险救助,如情况严重至抢险无效,且船舶有沉没危险并危及人命安全时,船上人员必须采取正确的弃船求生行动。

当船舶发生海难决定弃船时,利用船上的救生设备,运用海上求生的知识和技能,克服所遇到的困难和危险,延长遇险船员的生存时间,增加获救的机会,直至最终脱险获救的整个过程,称为海上求生。

二、海上求生面临的主要危险

船舶发生海难,船员在万不得已的情况下采取了弃船行为,不得不在海上进行求生活动。从船舶转移到海上,弃船求生者将面临诸多的危险和困境:

1. 溺水

求生者落入水中,首先遇到的威胁是溺水。溺水是指人员落入水中后,由于气管内吸入大量水分阻碍呼吸,或因喉头强烈痉挛,在短时间内引起呼吸道关闭而导致窒息死亡。

2. 暴露

弃船后使求生者丧生的其中一个主要原因是身体暴露在寒冷环境中,特别是暴露在低温水中。人暴露在寒冷环境中,会使体热很快地散失,容易冻伤身体组织,尤其是当人体浸泡在水中,会使体热迅速散失,致使人体在短时间内体温迅速下降直至昏迷死亡;另外,寒冷会降低人的行动效率,使人的思维变得迟缓,并且严重影响人的求生意志;人暴露在酷热的环境下,会造成日光性的灼伤、人体水分的丧失或引发中暑。中暑是由于人体在过高环境温度作用下,体温调节机制暂时发生障碍,而发生体内热蓄积的一种人体反应。

3. 遇难者位置不明

遇险船舶在发生海难时,由于设备、人员、当时环境等因素没有及时、有效地将遇险信息发送给附近的船只、飞机和岸台,致使救援者没有及时收到船舶遇难事故发生的位置信息;或因外部恶劣天气诸如狂风、急流等影响导致艇筏严重漂移,而艇筏上人员没有采取合理、有效手段表明其所在位置而延误或失去获救的机会。

4. 缺乏饮水和食物

经验表明,人员缺水的情况下只能维持生命数天,而在有水缺粮的情况下,可生存数周。而救生艇筏中配备的淡水和食物十分有限,因此缺水是海上求生者丧生的一个主要原因。另外,由于缺少足够的淡水和食物,求生人员会出现疲劳、乏力、行动迟缓、嗜睡,甚至昏迷现象。

5. 晕浪

晕浪也是求生者常常遇到的难题之一。人员在救生艇筏中可能会遭遇海浪侵袭,并且救生艇筏体积较小,以致其在海上剧烈摇摆,必然会使人员出现疲劳、头晕、面色苍白、出冷汗,随后出现眩晕、精神抑郁、唾液分泌增多和呕吐等晕浪症状。呕吐会引起人体严重缺水,更重要的是,晕浪会使人精神萎靡,动摇求生者的求生意志而使人失去求生的信心。

6. 悲观与恐惧

悲观与恐惧是使求生者丧生的另一个主要原因。在海上求生中,由于人员处在一种危险环境中,经历各种意想不到的困难,求生者会产生悲观、恐惧甚至绝望情绪。它会使人的思维混乱,失去为生存而斗争的力量和信心,甚至使人丧失行为能力。

7. 受伤和疾病

若人员在海上求生过程中受伤或患病,伤者或患病人员往往无法得到及时有效的救治,部分人员还会因此丧失生命,这是求生者要面对的困难之一,并且它也会严重动摇人们的求生意志。

船员在海上求生过程中会遇到各种困难,而处在海上这样一个特殊的环境中,每一种困难都会严重威胁求生人员的生命安全,因此,要求每一位船员能勇敢地面对困难和危险,灵活运用所掌握的各种求生知识和技能,依靠配备的救生设备,增加获救机会。

三、海上求生的要素

当听到船舶发出的弃船信号,船上人员利用相应的救生设备离开难船,在海上漂浮待救,直至救援船舶、飞机赶到,最终脱险获救。在这样一个弃船求生过程中,每一位遇险者必须采取积极、有效的行动,并且具备一定的求生条件即海上求生要素才能获救。

海上求生要素包括救生设备、求生知识和求生意志三个方面。

1. 救生设备

救生设备是海上求生人员赖以生存的必要条件。如果没有救生设备,那么在茫茫大海中得救生还的希望显然是十分微弱的。如果发生海难时,能够正确使用救生设备,生存机会就会大大增加,因此救生设备被称为海上求生的第一要素,它是海上求生过程中必要的物质基础。船舶中常见的救生设备主要包括救生艇、救生筏、救生衣、救生圈及其他救生设备。

2. 求生知识

求生知识包括船上人员如何使用救生设备,发生紧急情况时每个人员的职责、应采取的相应措施和各种脱险办法,以及弃船后的行动和求生要领等。它是海上求生过程中人员能被获救的最基本条件。

3. 求生意志

经验证明,在海上求生过程中,求生者的生存环境极其恶劣,生命受到极大威胁。因此,求生者除了具备必要的救生设备与求生知识外,还应该具有顽强的求生意志。坚定的求生意志是海上求生的一个重要因素。求生者必须具有不怕困难的坚强意志和生存下去的坚定信念,要勇于克服绝望和心理恐惧。只有这样才能经受饥饿、寒冷、干渴、晕浪等海上危险的考验,才能增加获救的机会。

海上求生过程中,求生的三个要素并非孤立存在的,而是有着密切联系的,它们相互依存,相互作用,在整个求生过程中缺一不可,否则人员就难以获救。

四、海上求生训练的目的和意义

如果遇到海难不得不选择弃船时,海上求生的知识和技能就是必不可少的。而对于这种知识和技能,只有通过必要的学习和训练才能够掌握。

海上求生训练的目的是使每个人员:

(1)掌握船舶各种救生设备及属具的正确使用方法;

(2)熟悉和掌握弃船时应采取的措施;

(3)熟悉和掌握海上漂流待救中的求生知识和技能;

(4)熟悉和掌握被救助的注意事项;

(5)增强遇难时求生的意志及信心。

海上求生的学习和训练,能使每个船员提高各种海上求生技能的水平,增强求生意志,提高求生信心。一旦船舶发生海难,能够使每一个受训者正确运用所掌握的求生知识和技能,采取有效的行动,以增加获救的机会。

第二章

海船救生设备

为了保证船员和旅客的生命安全,船舶必须按照《国际海上人命安全公约》(International Convention for the Safety of Life at Sea, 简称 SOLAS 公约),《国际救生设备规则》(International Life-saving Appliances Code, 简称 LSA 规则)和其他相关规范的要求配置各类救生设备。一旦出现紧急情况需要弃船求生时,船上人员可以利用这些救生设备撤离难船,在海上生存和等待救援。

第一节　救生设备的种类和基本要求

一、种类

船舶救生设备是为救助落水人员或当船舶遇险时撤离乘员而在船上设置的专用设备及其附件的总称。按照公约要求需要配备的船舶救生设备主要有救生艇、救助艇、救生筏、个人救生设备、抛绳设备、视觉信号、无线电救生设备、海上撤离系统等。其中个人救生设备又包括救生衣、救生圈、救生服、抗暴露服以及保温用具等。

二、对救生设备的基本要求

(1)救生设备应以适当的工艺和材料制成;

(2)在−30~+65 ℃的气温范围内存放不致损坏。对于个人救生设备,除非另有具体规定,应在−15~+40 ℃的气温范围内仍然可用;

(3)如救生设备在使用时可能浸没在海水中,则在−1~+30 ℃的海水温度范围内可用;

（4）能防腐烂，耐腐蚀，并不受海水、油类或霉菌侵袭的过度影响；

（5）若暴露在日光下，能抗老化变质；

（6）救生设备应为国际橙色或鲜红的橙色，或者对有助于海上寻找的部位涂上鲜明易见的颜色；

（7）在有利于探测的位置张贴逆向反光材料；

（8）如必须在风浪中使用，则其应能在该环境中令人满意地工作；

（9）清晰地标识出批准的资料，包括批准的主管机关及任何操作限制；

（10）如适用，应提供短路电流保护以防损坏或受伤；

（11）一切救生设备在船舶离港前以及整个航行过程中均应处于随时可用状态。

第二节　船舶救生设备

一、救生艇

（一）救生艇的作用

救生艇是一种具有一定浮力、强度、航速，能搭载一定人数，属具备品比较齐全的刚性小艇，是一种非常有效的脱险工具。救生艇的主要作用是当船舶遇险时，帮助船员、旅客脱险难船，便于在海上进行求生活动，保障船员、旅客的生命安全。

（二）救生艇的种类

救生艇按照结构形式不同可分为开敞式救生艇、部分封闭式救生艇和全封闭式救生艇三种。

1. 开敞式救生艇

开敞式救生艇（见图 2-1）是一种没有固定顶篷装置的救生艇。该救生艇操作简便，由于没有固定顶篷，人员登、离艇不受阻碍。艇内上部空间宽敞，人员在艇内活动相对自由方便，便于迅速登乘、脱离难船。其缺点在于，同样是因为没有固定顶篷，艇员暴露于自然环境中，遇到风雨海浪时，艇内人员就会受到海水的侵袭，身体直接暴露在寒冷和潮湿的环境中，生命安全受到相当大的威胁；天气炎热、光照强烈时，艇员直接暴露在日光下，中暑、身体缺水等危险也会直接影响艇员的生命安全。

2. 部分封闭式救生艇

部分封闭式救生艇（见图 2-2）在艇首和艇尾各设有不少于 20% 艇长的刚性顶盖，中间设有可折式顶篷。可折式顶篷连同刚性顶盖形成了一个能挡风雨的遮蔽，使艇内人员免受风雨海浪的侵袭和烈日的暴晒。艇的两端及两舷设有出入口，供人员登艇和离艇，同时也用于艇内的通风换气。这种救生艇既保留了传统的开敞式救生艇的优点，

图 2-1　开敞式救生艇

又克服了传统的开敞式救生艇暴露的缺点,只是这种救生艇倾覆后,艇内人员逃出不如开敞式救生艇方便。

图 2-2　部分封闭式救生艇

3. 全封闭式救生艇

全封闭式救生艇(见图 2-3)的上部有固定的刚性顶盖。为方便艇员的进出,全封闭式救生艇设有内外均能开启和关闭的通道盖。该通道盖关闭时,能保证救生艇的水密性,并具有良好的保温隔热性能。由于该艇的安全性能好,并能保证艇员不受风雨海浪和寒冷的侵袭,因此,船舶已经广泛配备及使用全封闭式救生艇。

图 2-3　全封闭式救生艇

（三）救生艇的配备

1. 客船救生艇的配备

（1）从事非短程国际航行的客船应配备：

符合《国际救生设备规则》所要求的部分封闭式或全封闭式救生艇,其在每舷的总容量应该能够容纳不少于船上人员总数的 50%。主管机关可以允许以相等总容量的救生筏来代替救生艇,条件是船舶每舷应配备足够容纳不少于船上人员总数 37.5% 的救生艇。

（2）从事短程国际航行且符合特种分舱标准的客船应配备：

符合《国际救生设备规则》所要求的部分封闭式或全封闭式救生艇,其总容量至少能容纳船上人员总数的 30%。救生艇应尽可能等量分布在船舶两舷。

（3）从事短程国际航行而不符合特种分舱标准的客船,其救生艇及救生筏的配备,与从事非短程国际航行的客船相同。

（4）为船上人员总数弃船所需配备的所有救生艇筏,应能在发出弃船信号后 30 min 内,载足全部乘员及属具后降落水面。

（5）500 总吨以下的客船,凡船上人员总数少于 200 人者,在任何一艘救生艇筏掉失或不能使用时,每舷可供使用的救生艇筏(包括存放在一个单一开敞甲板平面上,能够方便地做舷对舷转移的救生艇筏),应足够容纳船上的人员总数。

2. 货船救生艇的配备

（1）船舶每舷 1 艘或多艘符合《国际救生设备规则》所要求的全封闭式救生艇,其总容量能容纳船上人员总数。

（2）货船可配备 1 艘或多艘符合《国际救生设备规则》所要求的能在船尾自由降落的救生艇,其总容量应能容纳船上人员总数。

（3）长度为 85 m 以下的货船,不包括油船、化学品液货船和气体运输船,在任何一艘救生艇筏掉失或不能使用时,每舷可供使用的救生艇筏(包括存放在一个单一开敞甲板平面上,能够方便地做舷对舷转移的救生艇筏),应足够容纳船上的人员总数。

（4）为船上人员总数弃船所需配备的所有救生艇,应能在发出弃船信号后 10 min 内,载足全部人员及属具后降落水面。

（5）运载散发有毒蒸气或毒气的货物的化学品液货船和气体运输船,应配备符合《国际救生设备规则》所要求的具有空气维持系统的救生艇。

（6）运载闪点不超过 60 ℃（闭杯试验）货物的油船、化学品液货船和气体运输船,应配备符合《国际救生设备规则》所要求的耐火救生艇。

（四）救生艇的属具

救生艇的属具备品中除了钩篙外,其他所有的物品都应该采取固定的方式存放在救生艇内;属具备品应该储存在救生艇密闭的存放舱柜内或救生艇的封闭的舱内;或者储存在托架内或类似的支架装置上或以其他适宜的方式系固于救生艇内。救生艇靠吊艇索降落,艇的钩篙应不加固定,以供撑开救生艇。属具的系固方式应不致妨碍任何弃船步骤。各项救生艇属具应尽可能小巧轻便,并应该包装合适而紧凑。

救生艇的属具应包括:

(1)除自由降落救生艇以外,足够数量的可浮桨供在平静海面划桨前进。

(2)带钩艇篙 2 支。

(3)可浮水瓢 1 只,水桶 2 只。

(4)救生手册 1 本。

(5)具有发光剂或适当照明装置的操舵罗经 1 只。

(6)海锚 1 只,配有浸湿时还可以用手紧握的耐振锚索 1 根。

(7)艏缆 2 根,艏缆长度不小于从救生艇存放位置至最轻载航行水线距离的 2 倍或 15 m,取其长者。

(8)太平斧 2 把。

(9)每个乘员 3 L 的淡水。

(10)附有短绳的不锈水勺 1 个。

(11)不锈饮料量杯 1 个。

(12)额定乘员每人不少于 10 000 kJ 口粮。

(13)火箭降落伞火焰信号 4 支。

(14)手持红火焰信号 6 支。

(15)漂浮烟雾信号 2 支。

(16)防水手电筒 1 只。

(17)日光信号镜 1 面。

(18)救生信号图解说明表 1 张。

(19)哨笛或等效的音响号具 1 只。

(20)急救药包 1 套。

(21)每人 48 h 用量的防晕船药和清洁袋 1 个。

(22)以短绳系于艇上的水手刀 1 把。

(23)开罐头刀 3 把。

(24)系有长度不少于 30 m 浮索的可浮救生环 2 个。

(25)手摇水泵 1 只。

(26)钓鱼用具 1 套。

(27)能对发动机及其附件做小调整的足够数量的工具。

(28)适用于扑灭油类火的认可型可携式灭火器 1 具。

(29)探照灯 1 具,其垂直和水平扇面至少为 6°,所测的光强为 2 500 cd,连续工作不少于 3 h。

(30)雷达反射器 1 具。

(31)足供不少于救生艇额定乘员 10%的保温用具或 2 件,取其大者。

（32）如主管机关在考虑该船所从事的航行性质与时间认为（12）和（26）项所规定的属具为不必要者，可准予免配。

二、救助艇

（一）救助艇的作用

救助艇是为救助遇险人员和集结救生艇筏而设计的艇。因此，救助艇具有较好的机动性能和操纵性能，并且配备了相应的救助设备。

（二）救助艇的种类

目前在海船上配备使用的救助艇，按制造材料来分类，大致分为三种：

1. 刚性救助艇

刚性救助艇主要是使用玻璃纤维增强塑料与不饱和聚脂树脂黏合而成的刚性材料构成的救助艇，是目前船上使用比较普遍的一种救助艇（见图2-4）。

图2-4　刚性救助艇

2. 充气式救助艇

充气式救助艇是由橡胶材料形成若干体积大致相等的独立浮力胎，并且配备艇外发动机的救助艇（见图2-5）。

3. 刚性充气混合式救助艇

这种救助艇艇体材料中既有刚性材料又有橡胶材料（见图2-6）。用特殊橡胶材料制成的浮力胎可以为救助艇提供浮力，用刚性材料制成的艇体可以提高救助艇的强度。浮力胎通过机械方式与艇体及甲板结构相连，舱壁将浮力胎内部空间分隔成若干各自独立的气室。

（三）救助艇的配备

《国际海上人命安全公约》对船舶配备救助艇有如下要求：

（1）货船应该至少配备一艘救助艇。

（2）500总吨以下的客船至少配备一艘救助艇。

图 2-5 充气式救助艇

图 2-6 刚性充气混合式救助艇

（3）500 总吨及以上的客船每舷至少配备一艘救助艇。

（4）如果救生艇也符合救助艇的要求，可以将此救生艇作为救助艇。

（5）配备在客船上的每一艘救助艇，在弃船时需要承担集结的救生筏不超过 6 只；从事短程国际航行的客船，不超过 9 只。

（四）救助艇的属具

救助艇的属具应包括：

（1）足够数量的可浮手划桨供在平静海面划桨前进。

（2）可浮水瓢 1 只。

（3）海锚 1 只，配有长度不小于 10 m 的锚索 1 根。

（4）艏缆 1 根，附连在脱开装置上，并设置在救助艇的前端。

（5）具有发光剂或适当照明装置的操舵罗经 1 只。

（6）拖带救生筏用的可浮索 1 根，长度不小于 50 m。

（7）防水手电筒 1 只。

（8）哨笛或等效的音响号具 1 只。

(9)急救药包1套。

(10)系有长度不少于30 m浮索的可浮救生环2个。

(11)探照灯1具,光强为2 500 cd,连续工作时间不少于3 h。

(12)雷达反射器1具。

(13)足供不少于救助艇额定乘员10%的保温用具或2件,取其大者。

(14)适用于扑灭油类火的认可型可携式灭火器1具。

(15)除上述要求的属具外,每艘刚性救助艇还应配备以下属具:

①带钩艇篙1只。

②水桶1只。

③小刀或太平斧1把。

(16)除上述要求的属具外,每艘充气式救助艇还应配备以下属具:

①可浮安全小刀1把。

②海绵2块。

③有效的手动充气器或充气泵1具。

④修补破洞的修补工具1套。

⑤安全艇篙1支。

三、救生筏

(一)救生筏的作用

救生筏是在船舶遇险时供海上人员逃生及求生时使用的一种专门筏体,它能迅速地被降放到水面并漂浮在水面之上供人们登乘等待救援。气胀式救生筏操作简单、使用方便、体积小,是可在很短时间内轻易投放到水面的一种救生设备。

(二)救生筏的种类

根据救生筏的浮体的制造材料、性质的不同,可以将救生筏分为两类:

1. 刚性浮体救生筏

刚性浮体救生筏的浮力材料是经过主管机关认可的固有材料,主要是硬质的闭孔泡沫。浮力材料应该是阻燃的,或者在浮体表面加以阻燃覆盖层进行保护。浮力材料尽可能放置于救生筏的四周,救生筏的筏底应能有效地支撑乘员身体离开水面,并能够有效地防止水进入筏内,从而保证具有御寒的功效。

2. 气胀式救生筏

气胀式救生筏(见图2-7)的制造材料主要是尼龙橡胶布,气胀式救生筏的浮力是由两个分别独立的、充满气体的分隔舱来提供保证的。在构造上设立两个浮力胎,分别配有两个装有二氧化碳和部分氮气的钢瓶,以便于在应急使用时将钢瓶启动,通过各自的止回充气阀充气,在短时间内使筏体、篷柱充胀成型。

图 2-7 气胀式救生筏

（三）救生筏的配备

在救生筏的配备和使用上，《国际海上人命安全公约》有着明确的要求。船舶在投入营运前一定要按照要求，配备具有良好技术状态的救生筏。救生筏配备的要求如下：

（1）国际航行的客船，应该配备吊架（每舷至少一台）降落的救生筏，每船配备救生筏至少能够容纳船上总人数的 25%。

（2）500 总吨以下的客船，并且船上总人数不超过 200 人的，每舷配备救生筏的总容量能容纳船上人员总数的 100%；如果所配备的救生筏不能从一舷转移到另一舷使用，那么，每舷所配备的救生筏应该能容纳船上总人数的 150%。

（3）客滚船上配备的救生筏，应该使用海上撤离系统，或者使用均等地分布在两舷侧的救生筏的降落设备。

（4）客滚船上使用的救生筏，应该是自行扶正或带顶棚两面可用的救生筏；或者，除了配备正常额定乘员的救生筏外，还应该配备超过救生艇额定乘员 50% 的容量；其中至少每 4 个救生筏要至少配有一个雷达应答器。

（5）货船船长大于等于 85 m 的货船配备的救生筏，每船配备救生筏的总容量应能容纳船上总人数的 100%。如果救生筏不能从一舷转移到另一舷使用，每舷配备的救生筏应该能容纳船上总人数的 100%。

（6）船舶长度小于 85 m 的货船（液货船、气体运输船除外），每舷配备救生筏的容量应为船上总人数的 100%，如果不能够舷对舷转移使用，则每舷配备救生筏的容量应为船上总人数的 150%。

（7）对于船长大于 100 m 的货船，应该在船首附近，额外配备一只救生筏。必要时，在船尾也可以配有一只同样的筏。

（四）救生筏的属具

（1）系有长度不小于 30 m 浮索的可浮救生环 1 个。

（2）可浮的非折叠式安全小刀 1 把，如果乘员定额为 13 人或者 13 人以上的救生筏应加配一把不必是非折叠式的小刀。

(3)乘员定额不超过 12 人的救生筏配有可浮水瓢 1 只;乘员定额为 13 人或 13 人以上的救生筏配有可浮水瓢 2 只。

(4)海绵 2 块。

(5)流锚 2 只。

(6)可浮手划桨 2 支。

(7)开罐头刀 3 把,剪刀 1 把。

(8)急救药包 1 套。

(9)哨笛或等效的音响号具 1 只。

(10)火箭降落伞火焰信号 4 支。

(11)手持红火焰信号 6 支。

(12)漂浮烟雾信号 2 支。

(13)防水手电筒 1 只。

(14)雷达反射器 1 具。

(15)日光信号镜 1 面。

(16)救生信号图解说明表 1 张。

(17)钓鱼用具 1 套。

(18)额定乘员每人不少于 10 000 kJ 口粮。

(19)每个乘员 1.5 L 的淡水。

(20)不锈饮料量杯 1 个。

(21)每人 48 h 用量的防晕船药和清洁袋 1 个。

(22)救生须知和紧急行动须知。

(23)足供不少于救生筏额定乘员 10%的保温用具或 2 件,取其大者。

四、海上撤离系统

(一)作用

海上撤离系统是指将人员从船舶的登艇甲板迅速转移到海上漂浮的救生筏上的救生设备。海上撤离系统可以为各种年龄、身材和体质的救生衣穿着者提供从登乘地点到漂浮平台或救生艇筏的安全通道。它是船员或乘客由大船逃生至海上救生艇筏的最好连接体,是一种逃生的辅助设备。它具有如下特点:

(1)设备操作简单方便,平时整套系统存放在船舶两舷的箱体内,在紧急情况下需弃船时能够快速施放,施放程序简单;

(2)登乘方便,撤离人员只要有秩序地逐个登乘下滑即可;

(3)便于老弱病残的乘客安全逃生。

(二)种类

海上撤离系统可以分为滑道式撤离系统和槽座式撤离系统,如图 2-8 所示。

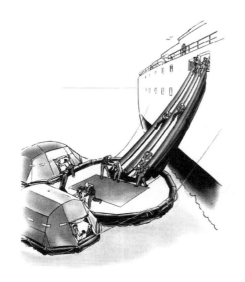

(a)滑道式撤离系统　　　　　　　　　　(b)槽座式撤离系统

图 2-8　海上撤离系统

1. 滑道式撤离系统

根据其滑道的数量又可分为单滑道撤离系统和双滑道撤离系统。滑道式撤离系统主要由充气滑道以及登筏平台组成,在紧急情况时,只需一名船员操作,即可在甲板上启动整个撤离系统,使滑道及水面登筏平台相继成形,旅客可从甲板经滑道滑至水面的登筏平台,然后再进入平台旁的气胀式救生筏内撤离难船。

2. 槽座式撤离系统

(1)"之"字撤离系统

这类撤离系统在垂直的筒内以曲折的材料作接头,以此来控制滑行速度。它的启动方式与滑道式撤离系统基本相同,只是在使用时旅客撤离不再用滑道而是改用槽座垂直逐节下降。在槽座内的旅客由于自己可以掌握下降的速度,减轻了心理恐惧感,可以使旅客安全地到达登筏平台。

(2)螺旋式撤离系统

与"之"字撤离系统类似,螺旋式撤离系统在垂直的筒内采用螺旋式滑槽方式来控制滑行速度。

(三)技术性能

海上撤离系统的布置应能使所有乘员在规定的时间内撤离船舶:对客船而言,自弃船信号发出到人员撤离至气胀式救生筏的时间不超过 30 min;对货船而言,自弃船信号发出到人员撤离至气胀式救生筏的时间不超过 10 min。此外,还应该满足如下要求:

(1)应能由一人完成布放;

（2）能够在船舶纵倾10°、向任意一舷横倾20°情况下，从船上施放；

（3）乘员能够在蒲福风级为6级的海况下正常撤离；

（4）海上撤离系统的登筏平台与救生筏应能牢固地连接，并能由一人自登筏平台上或救生筏内将两者脱开；

（5）如果设有一个倾斜滑道，则滑道与水平面夹角必须满足船舶在最轻载航行状态下正浮时，滑道与水平面的夹角范围为30°～35°。

（四）使用注意事项

（1）全体乘客在船员的引导下，在撤离系统附近的登乘口处集合，穿好救生衣按顺序下滑，应避免多人同时滑入滑道，相互拥挤而发生危险；

（2）进入滑道之前，应先脱去鞋子，防止鞋子滑落而影响后面滑下的人员，或者踩到前面的人员；

（3）下滑时应按照船员的指导采取正确的姿势，避免扭伤手臂和大腿；

（4）滑到下面的平台后，应尽快向两边移动，不要干扰其他人员撤离；

（5）在船员指引下迅速登上救生筏。

（五）管理

1. 存放

（1）海上撤离系统应布置在能安全降落的位置，远离推进器及船体弯曲悬空部分，并尽量从船舷平直部位降落下水；

（2）在海上撤离系统的登乘站和最轻载航行水线之间的船侧不得有任何开口；

（3）海上撤离系统的存放不应妨碍任何其他救生设备的操作，并加以保护，防止海浪对其造成损坏。

2. 管理

（1）撤离通道和平台应包装在同一容器内，在容器上或其附近张贴降落和操作须知，并在其存放位置附近张贴明显的 IMO 标识，如图 2-9 所示。

图 2-9　海上撤离系统标识

（2）如果船上配备一个或多个海上撤离系统，至少 50% 的系统应在安装后进行试验布放，未试验的系统应在安装后的 12 个月内进行布放。

五、抛绳设备

（一）作用

船用抛绳设备是一种在船舶遇险时，将一根细绳发射到岸上或其他船上的工具，用于遇险船舶、救生艇筏、救助船舶或陆、岸之间传递绳索，快速带缆以便实施救助。

（二）种类

船用抛绳设备主要有枪式抛绳设备和筒式抛绳设备两种，如图 2-10 所示。

(a)枪式抛绳设备   (b)筒式抛绳设备

图 2-10 船用抛绳设备

（三）技术性能

（1）能够精准地将抛射绳抛射出去，在无风天气下至少抛射 230 m；

（2）每根抛射绳的破断强度不少于 2 kN。

（四）配备

每艘船舶应配备至少 4 套抛绳设备。其中每套枪式抛绳设备由 4 枚抛射火箭、4 盒抛绳（每盒绳长 400 m）和 1 支抛射枪组成，整套设备装在一个防水箱子内，箱子内还备有使用说明书及图解。

（五）使用

（1）应按照设备使用说明书正确操作抛绳设备，在无风天气时能将绳抛射至少230 m。

（2）为获得尽可能远的抛射距离，发射船应位于上风。如遇油船，为保证安全，应由油船发射。

（3）设备操作的具体步骤如下：

①枪式抛绳设备

——打开枪式抛绳器的存放箱，取出抛射枪、抛绳火箭以及一盒抛绳。

——找出抛绳的两个绳头，将抛绳上面的绳头与抛射火箭末端的眼环系牢，抛绳的另一端与要传递的粗大缆绳连好。

——然后将火箭插入枪筒的前端,其末端的钢丝一定要放在枪身下面。

——逆时针旋转抛射枪下端开关至"待发"状态,使抛射枪处于预备状态。

——抛射者应站在抛射盒的后方,枪口对准目标,水平仰角一般为 30°左右,然后再次逆时针旋转抛射枪下端开关,即可发射火箭。

——待抛绳发射完毕后,利用抛绳在船舶之间或者船与岸之间传递和架设缆绳,运送人员或救生物资。

②筒式抛绳设备

——打开前后盖;

——将抛绳末端系固在船上;

——拔掉保险栓;

——双手紧握把柄,对准目标方向发射。

(六)管理

1. 存放

抛绳设备应装在防水的外壳内,平时将其放于驾驶室或海图室内。

2. 管理

(1)抛射火箭及抛射药筒的有效期一般为 3 年,应注意及时换新。

(2)抛绳设备的存放位置附近应张贴明显的 IMO 标识,如图 2-11 所示。

图 2-11　抛绳设备标识

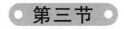 第三节　个人救生设备

一、救生衣

救生衣(Lifejacket)是船上每人必备的个人救生设备。它穿着方便,可以使穿着者在水中自动浮于安全状态,并保持穿着者脸部高出水面一定的高度。船用救生衣主要

用于弃船或救生演习时人员撤离难船时使用。

（一）救生衣的作用

救生衣的作用是增加穿着者在水中的浮力,保持穿着者处于安全漂浮状态,使穿着者身体保持放松,并减少其体力消耗。

（二）救生衣的种类

救生衣的分类方法很多,而且每一类别又包含许多种式样。船用救生衣主要有固有浮力式救生衣和气胀式救生衣。为避免使用混乱,船上配备的救生衣一般不超过两种。

1. 固有浮力式救生衣

固有浮力式救生衣一般是由轻质固有浮力材料外包尼龙布做成的。轻质固有浮力材料主要是以闭孔聚乙烯泡沫塑料为主,不仅能够提供较大的浮力,而且具有一定的柔软性。

固有浮力式救生衣(如图 2-12 所示)的浮力较大,能够使穿着者在水中自动翻转成面部朝上的姿态,在恶劣海况下,能对水中的穿着者提供最大限度的保护。其缺点是体积较大,穿着不舒适,穿着者行动不方便。该种救生衣在海船上强制配备,主要供船上人员海上求生时使用。

图 2-12　固有浮力式救生衣

此外,有些船舶还会配备少量的工作救生衣(如图 2-13 所示),主要供从事有落水危险工作(如舷外作业、绑扎作业)的人员使用。该种救生衣的优点在于体积较小,穿着较为方便灵活;缺点在于浮力结构较小,不能为穿着者提供足够的浮力,因此,不能作为海上求生的救生设备而使用。

2. 气胀式救生衣

气胀式救生衣是利用救生衣内的充气室提供浮力的(见图 2-14)。气胀式救生衣应由不少于 2 个的独立气室提供浮力,当任何 1 个气室失去浮力时,剩余的浮力仍能使穿着者处于安全漂浮的姿态。此类救生衣按充气方式可分为以下三种:

图 2-13　工作救生衣

图 2-14　气胀式救生衣

（1）口吹气型气胀式救生衣

口吹气型气胀式救生衣是用双层橡胶布或等效材料制成的。整个救生衣分成左右两个互不相通的密封气室。胸前有两套胶管和口吹阀分别与左右两个气室相通,供充气使用。充气时,应用牙齿将气嘴向下顶紧,并用力向气室里吹气。待气室充满后,停止吹气,口吹阀会自动关闭气室。在水中使用此种救生衣时,应特别注意充气时要左右交替充气,避免一次将其中一个气室直接充满。

（2）半自动气胀式救生衣

它是由气室、机械充气装置、充气钢瓶等组成的。使用时,用手拉动机械充气装置的拉索,钢瓶口处的密封膜片被刺破,瓶内的二氧化碳气体会自动地迅速充满气室。

（3）全自动气胀式救生衣

全自动气胀式救生衣是由气室、钢瓶和自动充气装置组成的。其自动充气装置主要有三种：

①一种是以能溶于水的片剂起传感启动作用；

②一种是以水压启动阀起传感启动作用；

③国外较为流行的是利用海水电池起传感启动作用，在海水电池随救生衣落入海水后，海水电池被海水活化，产生电流，作用于火药引信，使火药起爆，产生推力，刺破膜片，放出二氧化碳气体使气室充气成型，保持穿着者在水中处于安全状态。

（三）技术性能

1. 安全漂浮性能

（1）在平静的淡水中，能将筋疲力尽或失去知觉人员的嘴部托出水面至少120 mm，其身体向后倾斜并与竖直方向成不小于20°；

（2）将水中失去知觉人员从任何位置转至嘴部高出水面姿势的时间不超过5 s。

2. 气密及水密性能

救生衣浸入水中24 h，浮力不得下降5%以上。

3. 阻燃性能

救生衣被火完全包围2 s后，不致燃烧或继续熔化。

4. 强度

穿着者紧紧抓住救生衣从至少4.5 m高处跳入水中，或穿着者从至少1 m处手举过头顶跳入水中不致受伤，且救生衣不得脱落或损坏。

5. 结构

船用救生衣应具有简便易穿性，并满足如下要求：

（1）只能使用一种穿着方式或尽可能不致被错误穿着；

（2）至少75%完全不熟悉救生衣的人员能在1 min内独自正确穿好救生衣；

（3）经示范后，所有人能在1 min内独立正确穿好救生衣；

（4）穿着舒适，并可用于短距离游泳及登上救生艇筏。

（四）救生衣的配备

1. 救生衣配备

为船上人员每人配备一件符合相关要求的救生衣，此外还应该：

（1）为值班人员或者为设置在远处的救生艇筏站配备足够数量的救生衣。

（2）配备若干适于儿童穿着的救生衣，其数量至少为船上乘客总数的10%或应能保证每个儿童一件救生衣（见图2-15）。

（3）航程少于24 h的客船还应至少配备船上乘客总数2.5%的婴儿救生衣；而航程

超过 24 h 的客船,则应该为在船的每个婴儿配备一件救生衣(见图 2-16)。

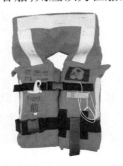

图 2-15　儿童救生衣

图 2-16　婴儿救生衣

2. 属具配备

(1)哨笛:每件救生衣应备有用细绳系牢的哨笛(见图 2-17)。

图 2-17　救生衣哨笛

(2)救生衣灯:救生衣灯的颜色为白色,光强不小于 0.75 cd,能持续使用至少 8 h。该灯也可以是闪光灯,如是闪光灯则应配有手动开关,且闪光频率为每分钟 50~70 次(见图 2-18)。

图 2-18　救生衣灯

(3)连接浮索:每件救生衣应配有可释放的浮索以便与水中的另一穿着者连在一起(见图 2-19)。

(4)提拉装置:每件救生衣应有合适的结构便于救助者将穿着者拉进救生筏或救助艇(见图 2-19)。

(五)救生衣的使用

救生衣的具体穿着步骤如下:

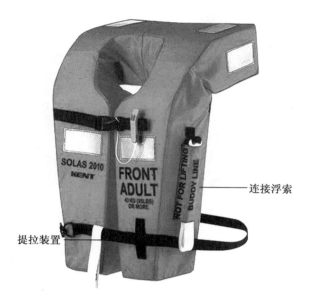

连接浮索

提拉装置

图 2-19 救生衣连接浮索及提拉装置

（1）检查浮力结构、外表面、连接扣、哨笛、救生衣灯、连接浮索、提拉装置等处,以确保救生衣各部分结构完好。

（2）将救生衣穿上,调整前后结构保证穿着舒适,调整救生衣的捆绑带保持前后平齐,连接上、下两个连接扣并调整松紧适度。

（3）然后测试一下救生衣的哨笛,如果条件允许,还可以测试一下救生衣灯。

（六）救生衣的管理

1.存放

（1）救生衣存放在容易取用之处。船上的救生衣通常存放在旅客和船员住舱内的床头柜或衣柜里,以方便人员使用。

（2）为值班人员配备的救生衣直接存放在驾驶室、机舱控制室及其他有人值班的地点。

（3）客船附加配备的不少于船上人员总数5%的救生衣应存放在甲板上或集合地点明显易见的地方,例如公共场所、集合地点或者介于二者之间的通道上。

2.管理

（1）救生衣使用后应用淡水洗净晾干,使用橡胶材料制成的气胀式救生衣外表面还应涂上滑石粉,置于低温、干燥、通风处保存。

（2）救生衣存放时应避免被油类沾污。

（3）严禁随意将救生衣作为枕头、坐垫或其他用途使用,以免影响救生衣的浮力。

（4）日常应妥善保管救生衣,如发现救生衣破损或者反光带损坏应及时修补,严重时应及时更新。另外,不得随意拆卸救生衣的属具,如发现损坏或丢失应及时更换。

（5）在救生衣的存放位置附近应张贴明显的 IMO 标识，婴儿和儿童救生衣上应分别有"婴儿专用"和"儿童专用"字样，并在附近张贴相应的 IMO 标识，如图 2-20 所示。

(a)成人救生衣　　　　(b)儿童救生衣　　　　(c)婴儿救生衣

图 2-20　救生衣标识

二、救生圈

救生圈也是船上重要的个人救生设备之一，具有体积小、重量轻、使用简单方便的特点，如图 2-21 所示。

（一）救生圈的作用

救生圈主要用于救助落水人员，供落水人员在水中攀扶待救使用。

（二）救生圈的基本特征

船用救生圈是由轻质的固有浮力材料制成的圆环状救生设备。常用的固有浮力材料是闭孔的泡沫塑料。禁止使用灯心草、软木刨片或软木粒作为浮力材料，也不允许使用充气形式的救生圈。船用救生圈一般为橙黄色或其他鲜明易见的颜色，外表面有反光带以及 4 根间距相等的扶手索，如图 2-21 所示。

图 2-21　救生圈

(三)技术性能

1. 规格

每只救生圈的内径不小于 400 mm,外径不大于 800 mm,并设有一根直径不小于 9.5 mm、长度不小于救生圈外径 4 倍的扶手索 1 根。

2. 浮力

在淡水中能浮起不少于 14.5 kg 的铁块达 24 h。

3. 质量

每只救生圈的质量不少于 2.5 kg;如配有自发烟雾信号及自亮灯配备的迅速抛投装置者,则质量不少于 4 kg。

4. 强度

能经受从存放位置至最轻载航行水线的高度或 30 m 处(两者取大者)抛投落水而不致救生圈及附件损坏。

5. 阻燃性

被火完全包围 2 s 后,不致燃烧或继续熔化。

(四)救生圈的配备

1. 救生圈配备

(1)客船救生圈的配备如表 2-1 所示。

表 2-1　客船救生圈的配备

船长(m)	最少救生圈数(只)
$L < 60$	8
$60 \leqslant L < 120$	12
$120 \leqslant L < 180$	18
$180 \leqslant L < 240$	24
$L \geqslant 240$	30

注:长度为 60 m 以下的客船应配备不少于 6 只带有自亮浮灯的救生圈。

(2)货船救生圈的配备如表 2-2 所示。

表 2-2　货船救生圈的配备

船长(m)	最少救生圈数(只)
$L < 100$	8
$100 \leqslant L < 150$	10
$150 \leqslant L < 200$	12
$L \geqslant 200$	14

2. 属具配备

根据需要,部分救生圈还配有可浮救生索、自亮浮灯以及自发烟雾信号等属具。

(1) 可浮救生索

船舶每舷至少有一只救生圈设有可浮救生索(见图 2-22)。其长度一般为 30 m,或是从船舶轻载水线至存放处距离的 2 倍,两者选其大者。可浮救生索的破断强度不少于 5 kN,直径不少于 8 mm,一端系于甲板栏杆上,另一端则系于救生圈上。

图 2-22　救生圈可浮救生索

(2) 自亮浮灯

每艘船舶应为至少总数一半的救生圈配备自亮浮灯(见图 2-23),并应均等地分布在船舶两舷,以便在夜间显示救生圈及其使用者的位置,便于搜寻救助。目前,船上的自亮浮灯主要以干电池作为电源。自亮浮灯通过绳索与救生圈相连,平时将其倒置放在救生圈附近的夹架上。其内部设有一个水银开关;平时倒置时,此开关不导电,一旦将救生圈投入水中,自亮灯自动正浮于水面上,水银开关接通发出白光,其发光强度不低于 2 cd,发光时间至少 2 h,如发出白光为闪光,则发出的闪光频率为每分钟 50~70 次。

图 2-23　救生圈自亮浮灯

(3) 自发烟雾信号

每艘船舶驾驶室附近至少设有两个能够迅速抛投的带有自发烟雾信号以及自亮浮

灯的救生圈(见图 2-24),且应均等分布在船舶两舷。烟雾信号平时用小绳与救生圈相连接,它的拉环则用小绳系固在船上,当抛投救生圈时,拉环随之被拉掉,烟雾信号随救生圈漂浮在水面上,并发出橙黄色烟雾。这种烟雾在平静的水面上至少可发烟 15 min,而且即使被完全浸没在水下时,仍能喷出烟雾 10 s。

图 2-24　带自量浮灯和自发烟雾信号的救生圈

(五)救生圈的使用

如有人落水,船上抛投者应将救生圈抛在落水人员的下流方向,无流有风时应抛于落水人员的上风方向,以便落水者攀拿。

落水者在水中使用救生圈的方法是:用手压住救生圈的一边使它竖起,另一手把住救生圈的另一边,并把它套进脖子,然后置于腋下;或者两手压住救生圈的一边使救生圈竖起,而后手和头部顺势钻入圈内,并将救生圈置于腋下,使落水人员的身体直立水中,等待救助。

(六)救生圈的管理

1. 存放

(1)救生圈存放

救生圈应存放在船舶两舷易于取用之处,并尽量分放在所有延伸至船舷的露天甲板上,且至少有一只放在船尾附近。救生圈应能随时从存放地点迅速取用,不允许以任何方式永久地系牢在船舶上。

(2)救生圈属具存放

自亮浮灯、烟雾信号和可浮救生索应平均配置在船舶两舷,救生圈附近的栏杆或舷墙的存放架上。烟雾信号应易于从驾驶室两侧释放。

2. 管理

(1)每只救生圈应以印刷体大写字母标明其所属船舶的船名和船籍港。

(2)定期检查救生圈及其属具,救生圈不得有损坏及变形,保持救生圈的外表面颜色鲜艳,字迹清晰,反光带及扶手索完好无老化。

(3)始终保持救生圈及其属具处于随时可用状态。

（4）救生圈使用后用淡水冲洗,在阴凉处晾干后放回原处。

（5）救生圈及其属具的存放处应粘贴相应的 IMO 标识,如图 2-25 所示。

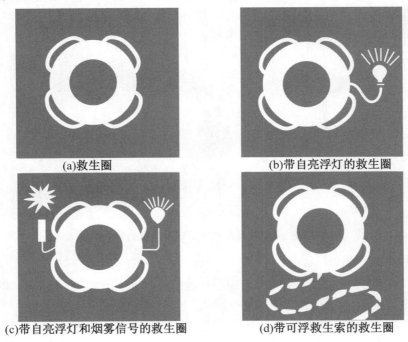

(a)救生圈　　　　　　　　　　　　(b)带自亮浮灯的救生圈

(c)带自亮浮灯和烟雾信号的救生圈　　　　(d)带可浮救生索的救生圈

图 2-25　救生圈标识

三、救生服与抗暴露服

（一）作用

救生服(Immersion Suit)又称防浸服,是指能够减少在冷水中穿着者体热散失,延长生存时间的保护服;救生服外表颜色为橙色,一般是由氯丁橡胶或聚氯乙烯泡沫塑料制成的连身式服装。为了防止空气在救生服内流动散失热量,在救生服裤腿两侧加装了限流拉链;为便于水中拖带,有的救生服胸前还设有一个带有弹簧开关的连接环。

抗暴露服(Anti-exposure Suit)是供救助艇艇员和海上撤离系统人员使用的保护服。抗暴露服外观结构与救生服类似,一般采用闭孔泡沫材料作为保温材料,保温性能不如救生服,主要适用于中等天气下的作业,在风和浪等外部环境下,为穿着者提供保护。但其活动性能较好,有利于穿着者进行救助作业。

救生服和抗暴露服如图 2-26 所示。

（二）救生服的种类

1. 按热性能分类

（1）采用非自然保温材料制成的救生服。

(a)救生服

(b)抗暴露服

图 2-26 救生服和抗暴露服

（2）采用保温材料制成的救生服。

2. 按浮力分类

（1）必须连同救生衣一起使用的救生服

此类救生服不能为穿着者提供足够的浮力,因此,人员在使用时必须额外加穿一件救生衣。

（2）不需加穿救生衣的救生服

此类救生服自身带有一个气囊或装备了固有浮力材料,可以为穿着者提供所需要的浮力,穿着者不需要穿着其他救生衣。

（三）技术性能

1. 救生服

（1）结构

救生服应采用防水材料制成,对除了脸部之外的全身提供保护,但手部可以由永久性附连在救生服的独立手套来遮盖。

（2）简便易用性

救生服应穿着方便,在不需他人帮助的情况下,2 min 内穿好救生服。

（3）耐火性

被火完全包围 2 s,不燃烧或继续熔化。

（4）充分活动性

①穿妥救生服之后的人员能够正常执行弃船时指派的任务;

②能够爬上爬下高度至少为 5 m 的垂直梯子以及进行短距离的游泳并能登上救生艇筏。

（5）热性能

①非自然保温材料制成的救生服可以保证穿着者在温度为 5 ℃的平静水中 1 h,体温降低不超过 2 ℃;

②自然保温材料制成的救生服可以保证穿着者在温度为 0~2 ℃的平静水中 6 h,

体温降低不超过 2 ℃。

（6）浮力

穿着救生服的人员在淡水中能在 5 s 内从脸部朝下姿势翻转成脸部朝上姿势。

（7）强度

穿着者自至少 4.5 m 高度跳入水中，救生服不损坏或移位。

2. 抗暴露服

（1）结构

①抗暴露服应采用防水材料制成，对全身提供保护，如果主管机关许可，脚部可以除外；手和头部可以由永久性附连的单独的手套和头罩遮盖；

②配备 1 只装可携式甚高频电话的袋子；

③具有侧向视野至少 120°。

（2）简便易用性

抗暴露服应穿着方便，在不需他人帮助的情况下，2 min 内打开并穿好。

（3）耐火性

被火完全包围 2 s，不燃烧或继续熔化。

（4）充分活动性

①穿妥抗暴露服之后的人员能够执行与弃船有关的任务，帮助他人及操纵救助艇；

②穿着者还应能够爬上爬下高度至少为 5 m 的垂直梯子以及在水中至少可游 25 m 并登上救生艇筏。

（5）热性能

非自然保温材料制成的抗暴露服必须标明与保暖衣服一起穿着，并保证穿着者在温度为 5 ℃ 的平静水中漂浮 0.5 h，体温下降速率不超过 1.5 ℃/h。

（6）浮力

每件抗暴露服可以提供至少 70 N 的固有浮力。

（7）强度

穿着者自至少 4.5 m 高度跳入水中，抗暴露服不损坏或移位。

（四）配备

（1）应为船上每个人配备一件符合规则要求的救生服。但对于除 SOLAS 公约第 Ⅸ/1 条所定义的散货船以外的船舶，如果该船一直在温暖气候航区航行，主管机关认为救生服没有必要，可不要求配备救生服。

（2）如果船上有远离于通常存放救生服的处所的值班室或工作站，则任何时候均应为在这些位置值班或工作的人员按其数量提供额外的救生服。

（3）客船上每艘救生艇应配备至少 3 件符合要求的救生服，但下列情况除外：

①全封闭救生艇或部分封闭救生艇；

②船舶一直在主管机关认为不需要救生服的温暖气候区域航行。

（4）应为每位被指派为救助艇员或海上撤离系统工作人员的人配备 1 件尺寸适宜且符合规定的抗暴露服。

（五）使用

救生服具体的穿着步骤如下（见图 2-27）：

（1）穿救生服之前应穿着适当保暖衣服；

（2）取出救生服，打开胸前的水密拉链，松开腿部的限流拉链；

（3）先穿下身，然后将腿部的限流拉链收紧；

（4）后穿上身，并将帽子戴好，然后将水密拉链拉至脸部，扣好胸前的连接扣；

（5）下水前将脸部密封拉至下颌，并用双臂抱胸的方式排出救生服内的空气；

（6）如果需要，救生服外面加穿一件救生衣。

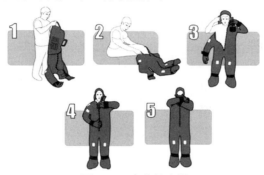

图 2-27　穿着救生服

（六）管理

1.存放

救生服和抗暴露服应存放在易于取用的地点，通常存放在船舶救生站和船员住舱内，并且存放位置应有明显标志。

2.管理

（1）救生服和抗暴露服应避免接触酸碱或其他有害物质。

（2）救生服和抗暴露服的拉链部位用蜡或无酸碱性油脂涂抹，保持拉链拉舌移动时轻便灵活。

（3）穿着使用后用淡水冲洗干净，挂于阴凉、干燥地方，避免高温或紫外线辐射。晾干后应叠好放回原处。如织物表面破损，应取来备用布，用聚氨脂胶液粘上。

（4）救生服和抗暴露服的存放位置应张贴相应的 IMO 标识，如图 2-28 所示。

四、保温用具

保温用具（Thermal Protective Aids，简称 TPA）是指采用低导热率的防水材料制成的袋子或衣服，是为体弱者和伤病员配备的一种个人救生设备。

图 2-28　救生服和抗暴露服标识

（一）作用

保温用具的目的是防止救生艇筏中的体弱者及伤病员体温的下降,使他们保持温暖和干燥,免受风雨和寒冷侵袭。

（二）保温用具的种类

有的保温用具像一个大口袋,还有的保温用具更像一件带有袖子和裤管的衣服。带有袖子和裤管的保温衣的保温性能不如袋子形式的保温袋,但其优势在于避免了保温袋将人员禁锢的缺点,如腿脚不能行走,手臂活动受限,保温衣内的人员仍然可以执行很多任务。

1. 袋子形状的保温用具

保温袋分为袋口处有拉链和无拉链两种,其使用材料为聚酯镀铝薄膜,为 2 000 mm×960 mm 的袋状体。

2. 衣服形状保温用具

保温衣使用的材料与保温袋相同,为连衣裤式,分为颈上部分、袖管与手套部分、躯干和下肢部分。颈上部分为穿入和脱下口,该开口处设有拉链,便于封闭衣口和抛弃时使用(见图 2-29)。

图 2-29　保温用具

（三）技术性能

（1）采用传热系数不大于 7 800 W/（m² · K）的防水材料制成,对除了脸部之外的全身提供保护；

（2）容易打开和穿着,穿着者能在 2 min 内在水中将它脱掉；

（3）在−30～+20 ℃范围范围内保持正常功能。

（四）配备

（1）客船:为每艘救生艇中没有救生服的每个人配备 1 件保温用具。

（2）货船:为每艘救生艇中没有救生服的每个人配备 1 件保温用具。

（3）每艘救生艇、救生筏和救助艇:配备足够 10% 额定乘员使用的保温用具或两件保温用具,取其大者。

（五）使用

保温用具的穿着步骤如下:

（1）打开真空包装袋,取出保温用具,并将其伸展开；

（2）拉开保温用具的拉链,双脚伸到保温用具的底部；

（3）戴上帽子,穿进保温用具内,拉上拉链；

（4）收紧颈部锁紧绳,使面部暴露。

（六）保温用具的管理

1. 存放

保温用具一般装在比较结实的真空袋内,以防止意外损坏。平时存放于救生艇筏和救助艇内。

2. 管理

（1）应注意保管,避免撕破撕裂保温用具。

（2）在存放保温用具的场所张贴相应的 IMO 标识,如图 2-30 所示。

图 2-30　保温用具标识

第四节　应急通信设备

一、紧急无线电示位标

（一）作用

紧急无线电示位标（Emergency Position Indicating Radio Beacon，简称 EPIRB）（见图 2-31）在船舶遇险时可人工或自动启动，发出包括本船识别码在内的遇险报警信息。报警信息经卫星转至相关的搜救中心，其中的船舶识别码和测定位置数据将有助于搜救中心采取适当行动救助遇险人员，如图 2-32 所示。

图 2-31　EPIRB

（二）配备

每艘船舶应配备 1 台卫星紧急无线电示位标（卫星 EPIRB）。

（三）管理

1. 存放

紧急无线电示位标通常存放于船舶航行甲板两侧的舷墙或栏杆上。

2. 管理

（1）EPIRB 应保持清洁、干燥，严禁用油漆涂刷 EPIRB 设备。

（2）至少每 3 个月试验一次卫星紧急无线电示位标。每两年对应急示位标进行全面检查，包括检查维修电池、更换密封垫圈、检查水密性能等。

（3）应用图解说明 EPIRB 的使用方法，由专人管理和使用，存放位置应有明显的 IMO 标识，如图 2-33 所示。

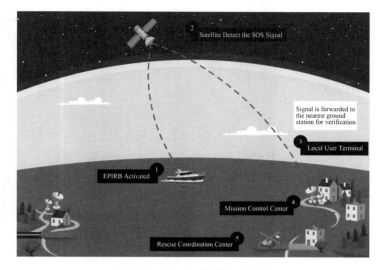

图 2-32　EPIRB 的功能示意图

图 2-33　EPIRB 的标识

二、搜救定位装置

搜救定位装置的作用是在救援行动当中快速定位救生艇筏。搜救定位装置包括搜救雷达应答器(Search and Rescue Radar Transponder, 简称 Radar-SART)及自动识别搜救发射器(Automatic Identification System-Search and Rescue Transmitter, 简称 AIS-SART),两者作用相同,可以互换使用。

(一)搜救定位装置的作用

1. 搜救雷达应答器(Radar-SART)

搜救雷达应答器(Radar-SART)(见图 2-34)的主要作用是救生艇筏在海上求生待救时,启动 Radar-SART 开关,Radar-SART 处于待机状态,当船舶或飞机接近时,Radar-SART 被导航雷达触发,发出 12 个脉冲组成的特殊信号,这种信号作为回波被导航雷达收到后,便会在其荧光屏上显示出由 12 个亮点组成的沿半径方向的亮线,由此可判断出持有搜救雷达应答器的救生艇筏或个人的方位和距离,便于迅速营救。

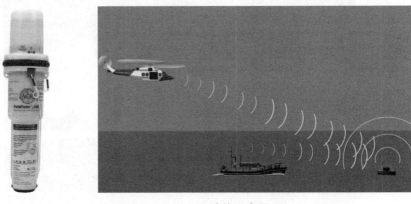

图 2-34　Radar-SART 功能示意图

　　Radar-SART 发射的特征信号在搜救雷达上的显示会随着搜救船舶或飞机与 Radar-SART 之间距离的变化而变化。随着距离的变小,Radar-SART 在搜救雷达屏幕上显示信号的弧长逐渐增加,最终信号变为同心圆(见图 2-35)。

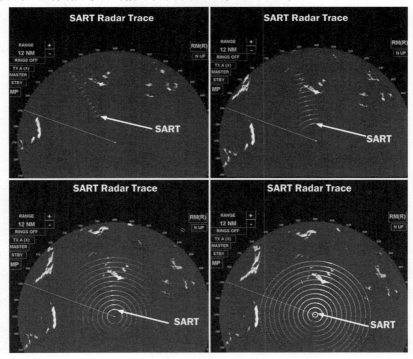

图 2-35　搜救雷达应答器特征信号

　2. 自动识别搜救发射器(AIS-SART)

　　自动识别搜救发射器(AIS-SART)(见图 2-36)的主要作用是当船舶遇到险情时,由船员借助 AIS-SART 系统对外周期性地发出求救信号,便于搜救飞机或其他附近的船舶实时确定遇险船舶或遇险救生艇筏所在的位置。AIS-SART 系统具有内置的 GPS 信号接收机,配合 AIS-SART 系统的移动识别码(970 AA BBBB),系统开启以后,能够迅速地将该套系统的基本信息及具体位置发送出去。只要在船舶或飞机上装载 AIS 设备,就都能准确地接收 AIS-SART 系统的信号,如图 2-37 所示。

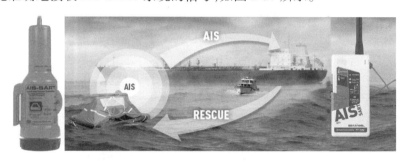

图 2-36 AIS-SART 及功能示意图

图 2-37 AIS-SART 特征信息

(二)搜救定位装置的配备

(1)每艘客船和 500 总吨及其以上的货船,每舷应至少配有 1 台;

(2)每艘 300 总吨及以上,但小于 500 总吨的货船应至少配有 1 台。

(三)搜救定位装置的管理

1. *存放*

搜救定位装置应存放于驾驶室内两侧的存放架上。

2. *管理*

(1)至少每月试验一次搜救定位装置;

(2)应用图解说明搜救定位装置的使用方法,由专人管理和使用,存放位置应有明显的 IMO 标识,如图 2-38 所示。

三、双向甚高频无线电话

(一)作用

双向甚高频无线电话(Two-way VHF Radiotelephone)(见图 2-39)便于携带,使用简

图 2-38　搜救雷达应答器标识

单方便,主要用于较短距离的通信,如:

(1)本船船内通信,如船头与船尾之间有关于遇险与搜救的通话;

(2)用于救生艇筏及本船相互间的通信;

(3)用于救助艇或搜救飞机与难船或救生艇筏之间的搜救现场通信。

图 2-39　双向甚高频无线电话

(二)配备

(1)每艘客船和 500 总吨及其以上的货船,应至少配备 3 台双向甚高频无线电话设备;

(2)每艘 300 总吨及以上,但小于 500 总吨的货船应至少配备 2 台双向甚高频无线电话设备。

(三)管理

1. 存放

双向甚高频无线电话应存放在驾驶室内,平时处于充电状态。

2. 管理

(1)至少每月测试一次双向甚高频无线电话;

(2)应用图解说明双向甚高频无线电话的使用方法,由专人管理和使用,存放位置应有明显的 IMO 标识,如图 2-40 所示。

图 2-40 双向甚高频无线电话标识

四、通用应急报警系统和公共广播系统

(一)作用

通用应急报警系统能发出七个或以上的短声继以一长声组成的应急报警信号;公共广播系统能向船员或乘客,以及他们经常活动的所有地方广播包括紧急信息在内的各类信息。

(二)配备

船舶应配备一套通用应急报警系统,此外,所有客船还应设置一套公共广播系统。

五、救生视觉信号

(一)作用

船舶和救生艇筏按规定配有一定数量的救生视觉信号。船舶遇险时利用这些视觉信号可以显示难船以及救生艇筏位置,以便引起周围船舶、飞机上人员的注意。在使用这些信号时应特别注意:白天最好使用烟雾信号;夜间尽可能使用灯光火焰信号,以达到容易被发现的目的,而且只有当船舶、飞机出现在视野范围内时使用这些信号,才会起到遇险报警的作用。

(二)种类及其性能

救生视觉信号的种类有:

1. 火箭降落伞火焰信号(Rocket Parachute Flares)

火箭降落伞火焰信号如图 2-41 所示。

(1)火箭信号垂直发射的高度不小于 300 m;

(2)发出明亮红光,平均光强不小于 30 000 cd,燃烧时间不小于 40 s;

(3)降落速度不大于 5 m/s;

(4)燃烧时不损坏降落伞及其附件。

图 2-41　火箭降落伞火焰信号

2. 手持火焰信号（Hand Flares）

手持火焰信号如图 2-42 所示。

（1）发出明亮红光，平均光强不小于 15 000 cd；

（2）燃烧时间不少于 1 min；

（3）浸入 100 mm 深的水中 10 s 后，仍能继续燃烧。

图 2-42　手持火焰信号

3. 漂浮烟雾信号（Buoyant Smoke Signals）

漂浮烟雾信号如图 2-43 所示。

（1）在平静水面漂浮时，能均匀喷出鲜明易见颜色（通常为橙黄色）的烟雾；

（2）整个喷出烟雾期间，不喷出火焰，发烟持续时间不少于 3 min；

（3）海浪中不会被淹没，浸入 100 mm 深的水中 10 s 后，仍能继续喷出烟雾。

4. 日光信号镜（Heliograph）

日光信号镜如图 2-44 所示。

图 2-43　漂浮烟雾信号

图 2-44　日光信号镜

（三）配备

视觉信号的配备如表 2-3 所示。

表 2-3　视觉信号的配备

		信号名称	救生艇	救生筏	船舶
视觉信号	夜间用	火箭降落伞火焰信号	4	4	12
		手持火焰信号	6	6	
	白天用	漂浮烟雾信号	2	2	
		日光信号镜	1	1	

（四）管理

1. 存放

按照相关规定将各类视觉信号存放于救生艇筏的属具备品箱和船舶驾驶室的应变柜中。

2. 管理

（1）定期检查救生视觉信号设备,使之处于有效期限内。

（2）救生视觉信号的存放位置附近应张贴明显的 IMO 标识,如图 2-45 所示。

图 2-45　火箭降落伞火焰信号的标识

第三章

应变部署和演习

船舶在海上航行过程中可能会遇到如下风险:碰撞、抵碰、触碰、搁浅、倾覆、淹沉、漏沉、着火、爆炸、货物损坏、货物灭失、海上伤亡、海洋污染等。针对各种紧急情况,船舶在开航前应制定出相应的应急预案,应急预案应明确地表明每位船员的行动指示及应完成的工作和任务。应急预案可以归纳为消防应急预案、堵漏应急预案、人落水应急预案、弃船应急预案及防污染应急预案。应变部署表是指在船舶上用表格形式表述的符合《国际海上人命安全公约》要求的船舶遇险时紧急报警信号及全员的应变部署。

第一节 应变部署表和应变任务卡

一、应变部署表

(一)应变部署表的内容

为保证船上人命安全,每艘船舶必须根据本船的设备和人员情况,编制应变部署表(Muster List)(见书末附表)。应变部署表以船长为中心,全体船员分工配合,分成救生部署和消防部署两大部分,包括救生设备位置,消防设备位置,紧急报警信号,人员编号表格,驾驶台、机舱、弃船,消防,放救生艇筏和备注等九个栏目以及船名、船公司,船长署名及公布日期等信息。其具体的内容包括:

1. 船舶相关信息

该信息包括船舶名称、船公司名称、船长的签字以及公布日期。

2. 船舶应变信号

船舶的应变信号是通过通用应急报警系统以船舶号笛或者汽笛以及附加电铃或小

型振膜电警笛或其他等效报警系统发出的。除了船舶号笛外，船舶通用应急报警系统必须能自船舶驾驶室和其他要害位置操作。全船所有起居处所及船员通常工作场所均能听到该系统的报警。船舶通用应急报警系统在启动后应能连续发出直至人工关闭或被公共广播系统的信息暂时打断。

船舶应变信号见表3-1：

表 3-1　船舶应变信号

项目	信号	
弃船	· · · · · · · —	七短一长，重复连放 1 min
消防		短声连放 1 min
船舶前部失火	· · · · · · · —	短声连放 1 min 后一长声
船舶中部失火	· · · · · · · — —	短声连放 1 min 后二长声
船舶后部失火	· · · · · · · — — —	短声连放 1 min 后三长声
船舶机舱失火	· · · · · · · — — — —	短声连放 1 min 后四长声
船舶甲板失火	· · · · · · · — — — — —	短声连放 1 min 后五长声
人员落水	— — —	三长声
人员左舷落水	— — — · ·	三长两短
人员右舷落水	— — — ·	三长一短
解除警报	—	一长声

注：短声指历时约 1~2 s 的笛声或铃声，长声指历时 4~6 s 的笛声或铃声。

SOLAS 公约还规定，七个或七个以上的短声继以一长声为通用紧急报警信号。

3. 应变信号发出后的具体行动

(1)指定驾驶员负责维护救生和消防设备，使其处于完好状态，并立即可用。

(2)指明关键人员受伤后的替换者。

(3)写明分派给每个船员的任务，包括：

①船上水密门、防火门、阀、泄水孔、舷窗、天窗和其他类似开口的关闭；

②救生艇筏和其他救生设备的配备；

③救生艇筏的准备工作和降落；

④其他救生设备的一般准备工作；

⑤集合乘客；

⑥通信设备的用法；

⑦指定处理火灾的消防队的人员配备情况；

⑧消防设备和装置的使用和分工。

(4)每艘客船应有寻找和救出困在客舱内乘客的程序。

4.指明在紧急情况下分配给船员的与乘客有关的各项任务

这些任务包括:

(1)向乘客告警;

(2)查看乘客是否穿好衣服,是否正确穿好救生衣;

(3)召集乘客至集合地点;

(4)保持通道及梯道的秩序,控制乘客的动向;

(5)确保将毛毯送到救生艇筏上。

(二)应变部署表的编制

应变部署表应在船舶开航前制定。在应变部署表制定后,如船员有所变动,应及时更改应变部署表,或制定新表。应变部署表的表格形式是由主管机关统一制定的,一般由船上三副根据每位船员的职务、工作能力和船舶设备情况编制。为船员分配应急任务时,应尽可能与船员平时工作类似。例如,安排事务部人员帮助乘客撤离;安排甲板部船员铺设水带及降放救生艇;应指派轮机人员到他们最为熟悉的机器处所执行相关的应急任务。船长在各种紧急情况发生时均负有总指挥的职责。大副和轮机长任现场指挥,甲板部及轮机部的其他人员依其相应的职务担任其较为合适的任务。客运部人员的主要任务是疏散旅客,包括用广播向旅客广播应急声明等。

其填写的内容包括:

(1)船舶名称;

(2)填写应变部署表的日期;

(3)船公司名称;

(4)船长的签字;

(5)船上人员的姓名和编号;

(6)船员的应急岗位和职责;

(7)指定每艘救生艇的成员。

三副编制好的应变部署表经大副审核再报请船长批准,然后公布实施。只有船长有权签署应变部署表,同时船长也有责任及时更新应变部署表。如遇情况改变,比如船员变动较多,三副应对应变部署表及时进行修改,每次开航前还应对新船员交代本船的应变部署情况。

(三)应变部署表的张贴

应变部署表应张贴在船舶醒目的位置,如驾驶室、机舱控制室、餐厅、生活区主要走廊、船长及轮机长办公室等部位。

二、应变任务卡

除了配备应变部署表以外,每位船员的房间里还分配了特定的应变任务卡(Emergency Card),张贴在其床位附近。应变任务卡上列明了应变部署表中与船员密切相关的信息,如:编号、姓名、职务、救生艇艇号、弃船和消防应急时的职责和岗位,方便每一位船员在船舶发生海难事故时,可以根据应变任务卡的提示判断事故种类和自己应承担的职责。船员应变任务卡的样式如表 3-2 所示。

表 3-2　船员应变任务卡

船员应变任务卡 船名 M/V＿＿＿＿＿＿		
编号 No.：	姓名 Name：	职务 Rank：
艇号 Boat No.：	消防集合地点 Fire muster station：	
消防 Fire Control	信号 Signal	短声连放 1 min short blasts continued for one minute. 随后:一长声(船首失火),二长声(船中失火),三长声(船尾失火),四长声(机舱失火),五长声(上甲板失火)Thereafter, one long blast stands for fore part, two for middle part, three for aft part, four for engine room, five for upper deck.
	任务 Duty	
弃船 Abandon Ship	信号 Signal	七短声一长声,重复连放 1 min seven short blasts with one long blast repeated for one minute.
	任务 Duty	
人员落水 Man Overboard	信号 Signal	连续三长声 three long blasts. 随后:一短声(右舷落水),二短声(左舷落水)thereafter, one short blast stands for starboard, two for portside.
	任务 Duty	
解除警报:一长声 Signal for dismissal:one long blast.		

第二节　应变演习

一、演习的重要性

船舶演习是确保船舶安全营运的重要环节,也是提高船员应对紧急情况的重要措施。船舶必须依据实际状况制订相应的应急程序及计划,并定期开展应急演习。定期进行船舶培训及演习的意义包括:

(1)通过船舶实际演习,可以使每位船员更好地熟悉本人在各种应急情况下的岗位职责,掌握基本的应急程序,并在实际演习中不断提升各项设备的操作技能。

(2)通过反复进行各项应变演习,有利于紧急情况突发时,船员能够迅速按照正确的应急程序采取有效的行动,避免因惊慌失措而造成不必要的损失。

(3)通过演习可以验证应急预案的可行性,及时发现演习过程中的不足之处,不断改进应急预案,消除安全隐患,使应急预案更加符合实际应急应变的需求。

二、演习期限

(1)全体船员不必参加每次演习,但必须参加每月一次的弃船演习和消防演习。若由于船员更换等使得全船25%以上的船员未参加船上前一月的弃船和消防演习,应在离港后24 h内举行这两项演习。此外,当船舶在经过重大改装后首次投入营运或有新船员时,应在开航前进行这些演习。

(2)客船应每周举行一次弃船演习和消防演习,并鼓励乘客积极参与。对于计划航行时间超过24 h的客船,应在乘客登船后的24 h内召集乘客,向他们介绍救生衣的使用方法和在紧急情况下应采取的行动。当有新乘客上船时,应在开船前或开船后不久向乘客简要介绍安全须知,并使用乘客能听懂的一种或多种语言进行广播。广播应使用船上公共广播系统或其他手段,应至少使航程中还未收听到此种广播的乘客能听到。如果召集乘客是在开航后立即进行的,则简要介绍可以安排在集合演习内进行,同时可以使用信息板、公告栏或录像演示作为辅助手段,但不能代替广播。

(3)对于重力式救生艇,每次演习时应至少降放一艘救生艇,不同救生艇应尽可能轮流降放,并应在弃船演习中每3个月至少有一次乘载被指派的操艇船员降落下水并在水中进行操纵。但对于从事短程国际航行的船舶,如果由于港口泊位安排和运输方式不允许救生艇在某一舷降落下水,救生艇可以不在该舷降落下水,但所有这些救生艇至少每3个月下降一次并每年至少降落下水一次。

(4)对于自由降落救生艇,每3个月至少有一次船员应登上救生艇,在其座位中正确系固,并讲解救生艇释放程序和放艇安全须知。随后,救生艇应仅搭载所要求的操艇船员自由降落入水,或用辅助降落下水装置搭载或不搭载操艇船员降放至水面。在这两种情况下,救生艇均应由操艇人员在水中操纵。无论如何,应保证不超过6个月的间隔,仅搭载操艇人员自由降落入水,或按IMO制定的指南进行模拟降落下水。

(5)除兼作救助艇的救生艇外,救助艇应在合理可行的情况下,每个月由船上指定的船员降落下水并在水上进行操作。无论如何,应至少每3个月进行一次。

(6)如救生艇和救助艇的降落下水演习是在船舶航行中进行,由于存在危险,该项演习仅应在遮蔽水域并在有此项演习经验的驾驶员监督下进行。

(7)如果船舶装有海上撤离系统,演习应包括实施布置此系统直至实际布署系统状态所要求的程序,此类演习可辅以使用船上训练辅助设备的定期授课。此外,撤离系统每位成员应尽可能实际地参加类似系统的布放活动而做进一步培训,参加的时间间隔应不超过2年,最长不得超过3年。

(8)每次弃船演习时应试验供集合和弃船所用的应急照明系统。

三、弃船演习的组织和程序

1. 集合地点

弃船演习的集合地点应设在登乘地点附近,一般在救生艇甲板。通往集合地点的通道、梯口和出口应有能用应急电源供电的照明灯。

客船应有旅客容易到达登乘的集合地点,并且是一个能集结和指挥旅客用的宽敞场地。

2. 发出演习信号

启动通用应急报警系统发出弃船演习信号,然后通过公共广播或其他通信系统宣布进行弃船演习,将乘客和船员召集至集合站,确保他们知道弃船命令。

3. 演习组织

(1)听到弃船演习信号后,全体船员应在 2 min 内到达集合地点;

(2)艇长检查人数,检查各艇员是否携带规定的物品,检查每人的穿着和救生衣是否合适,然后向船长汇报;

(3)船长宣布演习及操练内容;

(4)由两名艇员在 5 min 内完成登乘和降放的准备工作;

(5)完成降落准备工作后,至少降下一艘救生艇;

(6)启动并运转救生艇发动机;

(7)操作施放救生筏所用的吊筏架;

(8)模拟搜救被困在住舱内的乘客;

(9)介绍无线电救生设备的使用方法;

(10)试验集合与弃船所用的应急照明。

演习结束后,船长发出解除警报信号,收回救生艇、整理好索具,并由艇长对演习进行讲评。

第四章

弃船时应采取的行动

船舶在海上遇到严重危险时,船长应动员全体船员利用船上的各种设备尽最大努力抢救,减小财产损失和人员伤亡。船长应首先抢救人命,然后救助船舶和货物。如果经船员竭尽全力抢救仍然无法挽救船舶,船上人员生命面临巨大威胁,船长可以宣布弃船。

第一节　弃船前应采取的行动

弃船(Abandon Ship)是指船舶处于严重的危险状态时,船上的所有人员主动撤离船舶的行为。弃船的命令应由船长下达。如果当时条件许可,船长在做出弃船决定之前应征询船上主要船员的意见,并征得船公司的同意。

一、弃船的时机

确定弃船的时机时,船长应考虑以下各点:
(1)危险程度;
(2)所采取应急行动的有效性;
(3)船舶状况;
(4)气象和海况等周围环境状况;
(5)救助的可能性;
(6)本船的救生设备的特性等。

二、施放弃船信号

船长下达弃船命令后,通过通用应急报警系统发出弃船信号,弃船信号为七短声一长声,连放 1 min。

三、弃船前的准备

(一)艇长的职责

艇长有责任确保其他艇员和旅客(如有)为弃船和弃船后可能面对的情况做好充分的准备。弃船之前艇长应履行如下职责:

(1)确认是否已经发出遇险警报;

(2)检查撤离人员的穿着是否适合当时的环境;

(3)检查是否携带 EPIRB、SART;

(4)撤离前检查救生艇筏,确保其处于良好状态;

(5)撤离前检查降落区,确保无障碍;

(6)做好乘客的引导疏散工作。

(二)疏散乘客船员的职责

在突发紧急情况下,客船乘客容易产生恐惧情绪,正确引导疏散乘客采取相应应急行动是非常重要的。在疏散乘客时,为避免乘客恐慌船员应注意如下几个方面:

(1)各种信息应以恰当的方式告知乘客,即使在危急时刻,也应使用一种不致产生危机感的方式。

(2)在引导乘客时,船员必须坚决果断。采取一种强有力的方式比采用一种优雅的方式更为有效。

(3)如果可能应将乘客分成若干小组。

(4)给乘客分配适当的任务也是一种营造正常氛围的不错办法。

(5)船上的公告对平息激动的乘客和保证工作平稳进行有一定作用。当进行公告时应注意:

①应平静地宣布,避免产生混淆和错误;

②尽量避免使用技术性词汇,清楚地讲解,重复重点;

③如可能应进行连续公告;

④为即将采取的行动给出明确的指导和建议。

(6)老人,妇女和儿童优先。

(7)考虑到乘客的不同国籍,通过广播等形式发出的信息应使用乘客能够理解的语言。

在紧急情况下,没有经过专业训练的乘客极易陷入恐慌之中,因此,应有效地指挥乘客迅速到达指定地点,并使乘客尽快登上救生艇筏离开难船。

弃船后最先撤离登上救生艇筏的应是旅客,其次为一般船员,船长最后撤离。

(三)弃船前的个人行动

撤离危险的船舶,转到海上求生,对于船员来说,是从一种危险转向了另一种危险。

同时,为了船员个人的生命安全,弃船行动转到海上求生活动也需要必要的准备工作。

(1)保持冷静,端正态度,按照应变部署的要求正确行动。

(2)确保穿着合适。

①加穿适当的衣物

船舶遇险无论是发生在热带水域还是低温水域中,求生者在离开难船前不得脱掉衣服和靴鞋,应尽量多穿一些衣服,以防止身体表面烧伤或失热过快。尤其是在寒冷水域遇险,更应注意多穿几层保暖性能好的衣服:里层最好选用羊毛织物,而外层以厚实、防水的紧身衣物为最佳。如果在弃船时必须进入水中,最初遇到的"冷冲击"可以使人员失去活动能力,甚至丧命。多穿着的衣服可以明显减小"冷冲击"的不利影响,而外层的防水衣服能够完全防止其影响。而且多穿着的衣服可以减少身体表面的热量消耗,延长人员在水中的待救时间。

另外,有资料显示,人体50%的热量是通过头部散失的,无论是平时演习还是实际的弃船,求生者都应戴上帽子和手套。

②穿妥救生衣

人员穿好衣服后,外面一定要穿着一件救生衣,按要求系牢。如果船舶配备气胀式救生衣,离开船舶之前不得给救生衣充气。充足气的救生衣会妨碍离开船舶,而且一旦划破气胀式救生衣,将无法充气。

(3)收集必需品。

如时间允许,应尽量多收集必需品,做好在海上长时间等待救援的准备。必需品应包括但不限于下列物品:

①火箭降落伞火焰信号(存放于驾驶台的12枚);

②急救药箱及应急药物;

③淡水、食物;

④衣物、救生衣、保温救生服;

⑤手电筒。

(4)尽快到达集合站。

迅速安全地赶到集合地点,是登上救生艇筏等救生设备的前提保障。而登上救生艇筏将会使获救的几率大大增加。

 撤离难船的方法

弃船命令下达后,船员应迅速做好各项准备工作,组织和引导乘客迅速到达指定的集合站,准备离开难船。如果可能,应尽量避免与海水接触,保持"干身"离开难船。

一、通过救生艇撤离

艇长指挥有关人员打开吊艇架的销子,解开艇外的索具,做好放艇前的各项工作。

然后,全体人员登艇。人员全部登艇后立即关闭所有水密舱口和其他进出口,全体人员在指定位置坐好,系好安全带。艇长通过操纵遥控降放装置将救生艇降放至水面,脱开首尾吊艇钩,解掉缆绳,救生艇驶离大船(见图4-1)。

图4-1　经由救生艇离船

二、通过救生筏撤离

气胀式救生筏的登乘方式主要有三种:

(一)吊放法

此种登筏方法一般在客船上比较常见。一般通过专用的降放装置将救生筏吊起,在甲板上充气成型。然后人员依次进入筏内,操作人员再利用降放装置将救生筏降于海面离开难船(见图4-2)。

图4-2　经由吊放式救生筏离船

(二)抛投法

操作时,要先将气胀式救生筏从存放架处投入水中,拉动充气索,救生筏在水面上会自动充气(见图4-3)。

1.通过舷梯或绳梯登上筏

待筏体充胀完毕以后,用漂浮在水面的救生筏艏缆将筏拉至舷梯边或救生甲板舷边,船上人员可通过登乘梯或舷梯进入筏内。这种登筏方法主要在货船上采用。

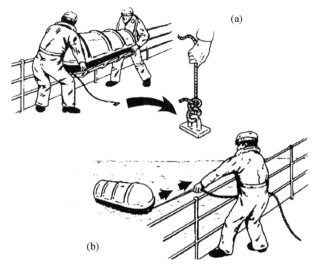

图 4-3　抛投法降放救生筏

2. 从舷边跳入救生筏内

特殊情况下,船员也可以穿着救生衣由船舷较低的地点直接跳入救生筏的进出口。跳入救生筏时,严禁从高处直接跳到救生筏的篷帐上,以免使筏内人员受伤和筏体损坏。跳入筏内时,应伸开手臂,胸部对着篷柱。注意应使脚掌首先接触筏底。如果脚跟首先接触筏底,人体会向后弹起而落入水中。

(三)通过海上撤离系统登上救生筏

(1)海上撤离系统一般设置在船舶的两舷,通过启动装置从其密闭的箱中开启施放,滑道和平台被抛出舷外至海面,充气装置自动将其充气成型。

(2)撤离系统充气完成后,检查平台登乘围板、救生筏引导索和平台等设备。施放救生筏使其漂浮于水面,调整控制索确定登筏平台的位置为登乘做好准备。

(3)位于撤离系统入口处的指挥人员指挥乘客依次撤离到登筏平台上。

(4)在平台上,船员应引导滑下来的乘客远离滑道出口登乘到平台旁系泊的救生筏上。

(5)乘客进入救生筏后,船员应安排其座位并给予指导。

(6)救生筏满员后将其分离,移到指定地点,在救生艇的牵引下漂流待救。余下的人员利用登筏平台旁边其他的救生筏离开大船(见图4-4)。

三、跳水撤离

求生者如不能直接自船上登上救生艇筏,就只能选择从船上跳入水中,然后游泳登上附近海面上的救生艇筏。

图 4-4　利用海上撤离系统登上救生筏

（一）跳水时的注意事项

（1）确认已经穿好救生衣。如果没有系牢救生衣，跳水时就可能使头部受伤。

（2）摘下假牙、玻璃或隐形眼镜，去掉口袋内的尖锐的物品。

（3）跳水时应选择船舶的上风舷跳水，并尽量远离船体的破损部位。

（4）应选择尽量低处跳水，跳水高度最好不超过 5 m，必要时可以利用登乘梯接近水面。

（5）跳水前应查看海面状况，避开水面障碍物或其他落水者。

（6）不要直接从高处跳入救生艇内，避免自身及艇受到损坏。如果从高处直接跳入救生筏内，需要视情况而定。

（二）跳水方法

（1）在船甲板边缘站好；

（2）深吸一口气，用一只手护住口鼻；

（3）另外一只手从外侧绕过并压住护住口鼻的手，并紧握救生衣上端；

（4）肘部尽可能靠在身体两侧；

（5）保持两眼向前平视，不要向下看，否则会造成身体前倾；

（6）向前迈开一大步，后腿随即跟上，双腿并拢夹紧，保持头在上，脚在下垂直入水。始终保持上述姿势，直至身体浮出水面后，才能松开双手，如图 4-5 所示。

跳水者有时因身体重量失衡，可能造成跳水者在水下呈字母"J"形状。一旦身体停止下沉，发觉脚与海面平行或者双脚几乎位于头部上方，应立即停止各种动作，利用身体的自然浮力将身体恢复至接近正浮姿态。

水中的漂浮的残骸会对人造成危险，因此，在身体向上浮出水面之前，应先将一只手臂向上伸出水面（手握成拳形），探知障碍物。若触碰到残骸，应将它推开或者在其他地方浮出水面。

图 4-5 跳水姿势

（三）跳入水中后的注意事项

（1）必须明确当前的首要任务是尽快离开难船。因为：

①船上的各类设备和碎片可能自船舶甲板滑下或散落在船舶周围；

②如果跳水人员落到其他已经在水中待救人员的上面，就可能出现更多的遇难者；

③难船下沉产生的吸附作用还会把附近的漂浮人员带入水中。

（2）不要做无谓的游泳和剧烈的活动，因为这样会：

①散失体热；

②消耗体力，这将影响求生者自水中登上救生艇筏。

（3）在水中等待救助时，必须使用救生衣保持面部向上的位置。

第五章

水中求生应采取的行动

习题

第一节　穿着救生衣水面待救

求生者自难船跳入水中后应迅速游离难船,并尽快登上附近的救生艇筏。

一、穿着救生衣或救生服游泳

在游泳过程中,应掌握正确的呼吸方法,避免换气时呛水,采取鼻呼口吸的方式,同时应注意控制好呼吸节奏。穿着救生衣或救生服游泳时,由于救生衣或救生服会产生很大的阻力,因此,应采用正确的游泳方式。下面介绍几种穿着救生衣或救生服游泳的方式:

（一）单人游泳

穿着救生衣或救生服时身体向后躺,保持放松;双腿并拢并使膝盖收向腹部,这样会抬高嘴部距水面的距离;伸展双臂至耳朵两侧,像桨一样从身体两侧向双腿方向划水,使身体向后移动(见图5-1)。

注意,用手臂划水会使身体热量散失更快,因此,也可以在上述动作的基础上,双臂夹紧,并只用双腿游泳(见图5-2)。采取这种游泳方式能够在一定程度上保存热量,但是,游泳速度会变慢。

（二）拖带伤员

游泳过程中,如有伤员需要拖带,可采用如下方法:

把伤员拉向自己胸前;在其身后用双腿夹住伤员的腰部;伸展双臂至耳朵两侧,像桨一样从身体两侧向前划水,向目标方向游进(见图5-3)。

图 5-1　单人游泳

图 5-2　仅用双腿游泳

图 5-3　拖带伤员

(三)双人游泳

两个求生者以拖带伤员的方式连接,两人用双臂一起划水,向目标方向游进(见图5-4)。

(四)集体游泳

以拖带伤员的方式,所有求生者连成一队,一起用双手划水,向着目标方向游进。

图 5-4　双人游泳

注意,当队伍较大时,由于游泳动作不一致,可能导致整个队伍忽左忽右,像蛇一样前进,影响游泳效率。因此,为了提高游泳效率,队伍的最后一人应面对着整个队伍,并与队伍连接(由队伍逆向第二人夹住队伍最后一人的腰部)。此人用于指引队伍前进的方向并对整个队的游泳动作进行指挥,如:对整个队伍划水使用口令"上、下、划水"来控制整个队伍的游泳速度,使用口令"左手划水、右手划水"来控制整个队伍前进的方向(见图 5-5)。

图 5-5　集体游泳

二、避免出现肌肉痉挛

人在水中活动时,由于肌肉受到刺激而突然发生强直性收缩,会造成肌肉痉挛(也可称为肌肉抽筋)。由于肌肉痉挛会妨碍求生者继续游泳,因此容易引起求生者产生恐惧心理,进而危及生命安全。为避免发生这种情况,求生者应注意使肌肉放松和不断地变换游泳姿势。

一旦出现肌肉痉挛,必须大声呼救,设法得到其他人的帮助。如果周围没有其他人,也不必惊慌失措,应始终保持冷静,通过水中自救的方法保证生命安全。发生肌肉痉挛的常见部位是手指、手掌、脚趾、小腿、大腿和腹部等。无论肌肉痉挛发生在什么部位,都应及时采取拉长肌肉的方法进行自救,否则容易出现危险。

(一)手指肌肉痉挛解除法

如果手指肌肉痉挛,解救方法是先将手握拳,然后用力张开伸直,反复做几次后即可消除痉挛。

(二)手掌肌肉痉挛解除法

手掌肌肉痉挛解除法是双手合掌向左右两侧按压,反复做几次后即可消除痉挛。

(三)大腿前面肌肉痉挛解除法

当大腿前面肌肉痉挛时,解救方法是用同一侧手抓住痉挛腿的脚部,尽量使其向后伸直,反复做几次后即可消除缓解。

(四)大腿后面肌肉痉挛解除法

大腿后面肌肉发生痉挛,解救方法是用同一侧手按住膝盖,然后用另一只手抓住脚趾,尽量向上抬起或者双手抱住大腿使髋关节做局部屈曲动作,痉挛也可得到缓解。

(五)小腿前面肌肉痉挛解除法

当小腿前面肌肉痉挛时,先用一只手抓住脚趾尽量向下压,借以对抗小腿前面肌肉的强直收缩使其得到缓解。

(六)小腿后面肌肉痉挛解除法

小腿后面肌肉痉挛是最常见而多发的部位,解救方法是先用一只手按住膝盖,另外一只手抓住脚底或脚趾做勾脚动作,并用力向胸前方向伸拉,反复做几次以后,放松片刻,肌肉痉挛部位就可以得到缓解。

三、在水中登上救生艇筏

(一)在水中登上救生艇

水中人员游到救生艇舷侧,抓住两侧下垂的救生浮索,双脚蹬在艇侧水下的舭龙骨上。然后两只手攀住艇缘,双脚蹬住舷外扶手索,四肢同时用力使身体向艇内倾斜,进入艇内。救生艇上人员可以通过调整艇内人员分布,压低救生艇的干舷,抓住水中人员的手臂或衣服协助他们登上救生艇。若救生艇内配备了登艇梯,救生艇上人员可以放下登艇梯帮助水中人员登艇。

(二)在水中登上救生筏

1.扶正救生筏

气胀式救生筏在海面上充气成型时,由于受风浪等的影响,可能使救生筏在水面上呈倾覆状态,水中人员若要利用救生筏求生,必须首先扶正救生筏。

扶正方法如下(见图5-6):

(1)游向救生筏,将救生筏标示"由此登筏"一侧筏体或者将装有二氧化碳充气瓶的筏体一侧拉至下风海面。

(2)向上抓住扶正带,爬上筏底。像游泳一样用力蹬腿有助于登上筏底。如果没有成功,可以尝试将脚或膝部放到救生筏外扶手索上以帮助扶正。

(3)双手拉住筏底扶正带上端后,双脚站在筏底下风侧边缘(即装有钢瓶侧)。

(4)身体伸直用力向后仰,筏即被扶正过来。

图5-6 扶正救生筏

扶正救生筏过程中,当筏体与水面接近垂直时,应松开双手,身体后仰,采取仰泳迅速游离救生筏,防止被压在筏底下面。如果未能及时游开而被压在筏下,也不必惊慌。因为救生筏筏底是柔软和有弹性的,可以用双手推开筏底形成一个"气室",借此机会深吸一口气,摆动手臂,面部向上,游出筏底。如果面部向下游开,救生筏很可能挂住身后的救生衣。一旦出现这种情况,从筏底离开救生筏是很困难的。另外,游离筏底时,应从筏的两侧游离,避免在救生筏进出口方向游离,以防被登筏软梯套住而遭遇危险。

如果一个人无法扶正救生筏,则篷帐内侧很可能已经充满了不能自行排除的海水。可以尝试两个人拉住扶正带扶正。若仍然不能扶正,则安排几个人在水中救生筏相反一侧。在两个人拉住扶正带的同时,这些人通过向上推动篷帐,使海水离开篷帐。

若倒置的篷帐充满了海水,则扶正此种救生筏会变得更加困难。一般而言,圆形救生筏的扶正带平行于篷帐的开口方向,这样可以保证在扶正救生筏时,水可以自动流出救生筏。若救生筏为椭圆形,其扶正带可能与篷帐开口方向垂直,则易于出现水滞留于篷帐的现象。此时,可能需要更多人员帮助扶正此类救生筏。

2. 登上救生筏

在没有外界帮助的情况下,从水中直接登上救生筏是比较困难的,应最大限度利用脚和攀拉索带。大腿肌肉最为强壮,充分利用它可以发挥最佳的杠杆作用。将自己浸入水面以下,救生衣的浮力会使穿着者高高浮起,有助于登上救生筏。

（1）利用绳梯登上救生筏

气胀式救生筏在其中的一个进出口设有由绳带制成的登筏梯,进出口处上浮胎上设有攀拉索带。水中人员游到筏的入口处下方,先用一只手抓住登艇梯,另一只手抓住上浮胎上的攀拉索带;双脚登上登艇梯的最上面一格。两只手同时抓住攀拉索带或上浮胎内沿;两脚用力向下蹬,两臂弯曲用力向后推动攀拉索或上浮胎内沿,头部向前倾,使上身倒向筏内,身体其他部分则顺势进入筏中。

（2）利用登筏平台登上救生筏

气胀式救生筏另一个进出口设置了登筏平台,一般为气胀式结构,位于救生筏下浮胎附近,可以供求生人员登筏时使用。使用时,水中人员首先游到登筏平台旁边,双手抓住并下拉救生筏上浮胎上面的攀拉索带,同时用力向下蹬腿,顺势将一条腿膝盖压住登筏平台;弯曲另一条腿用膝盖压住登筏平台;抬起一条腿,滚入救生筏内（见图5-7）。

图5-7　经由登筏平台登上救生筏

第二节　未穿救生衣水面漂浮

一、未穿救生衣的落水人员面临的主要危险

未穿着救生衣落入水中的人员,首先面临的危险是溺水问题。溺水是指水进入呼吸道及肺内时引起窒息,造成心跳、呼吸骤停,直接危及生命。溺水致死有两种情况:干性溺水和湿性溺水。干性溺水是指因受到强烈刺激（包括冰冷的刺激、惊吓、惊恐）和过度紧张导致喉头痉挛,因而不能正常呼吸继而缺氧,甚至出现窒息死亡,干性溺水发生率为 10%~20%。湿性溺水,是指大量的水进入人体肺部,导致窒息死亡。海水为高张液体,其渗透压为血液的 3~4 倍。当海水进入肺部,不但不能被循环系统吸收,反而使血液中的水份大量吸入肺气泡内,致使全身血量减少,血色素浓度增高。同时造成肺气泡肿胀而丧失气体交换功能,导致缺氧,进而窒息而亡,湿性溺水发生率为 80%~90%。

造成求生者溺水的原因很多,但归纳起来有如下几方面原因:

1. 心理原因

因恐水而心情紧张,一旦遇到意外时,就惊慌失措,动作慌乱,四肢僵直而导致溺水。

2. 技术原因

因游泳技术不佳,或技术失误出现意外等导致溺水。

3. 生理原因

生理原因指体力不支、酒后、饥饿或饱食等导致溺水。

二、求生者应采取的行动

(一)尽快登上附近的救生艇筏

如果弃船时未穿救生衣而不幸落水,求生者应根据海面风和海浪情况选择合适的泳姿尽快离开难船,及时登上附近的救生艇筏。在海上求生环境中,最适宜采用下面的泳姿:

蛙泳:如果需要潜入水下穿越有油污、残骸或风大浪急的海域,请使用这种泳姿。这种泳姿更适合长距离游泳:它有助于保存体力,并且速度适中。

侧泳:这种泳姿只需要使用单臂就可以维持前进动力和浮力。

仰泳:这是一种很好的放松泳姿。它可以放松采用其他泳姿时绷紧的肌肉。

(二)尽快寻找漂浮物

如果周围没有救生艇筏,应努力找到并抓住大块的漂浮物,利用漂浮物使身体尽可能离开水面并保持身体放松(见图5-8)。

图5-8 利用漂浮物漂浮

(三)采取仰浮姿势

人员落入水中后,如果能够保持正确的飘浮姿势,溺水的危险就可以降低到最小。

由于海水中含大量的矿物质,所以海水的密度稍大于人体的密度。海水的密度约为 1.025 g/cm^3,人体的密度接近 1.0 g/cm^3。根据物理学原理,人体自身受到的浮力基本能保证其飘浮于海面上。

当人竖直立于水中时,人的头顶部会露出水面。此时如果再通过手脚动作,产生一点儿向上的外力,就可以让人的脸部露出水面。当人希望仰浮于海面上时,可通过挺起腹部,伸展四肢,同时通过控制呼吸,可以保持脸部始终露出水面上。

采用仰浮姿势漂浮,可以保持人员脸部露出水面,呼吸方便,且消耗体力最少(见图 5-9)。

图 5-9 水中仰浮

(四)采取防止溺水的方法

如果海面波涛汹涌无法仰浮待救,则可以转动身体使脸朝下浮在水中。此种防止溺水方法也称作水中求生方法,它是基于当肺内注入气体时人体产生的自然浮力。其目的在于保持人员在水面长时间生存,甚至包括那些穿着全套服装不会游泳的水中人员。防止溺水法可以节省水中漂浮人员的体力,而长时间采用防止溺水方法比通过游泳保持漂浮的方法更容易。每位船员必须了解防止溺水法,因为它是一种没有救生设备漂浮在水面上防止溺水很好的方式,这种方法可以描述为如下四步(见图 5-10):

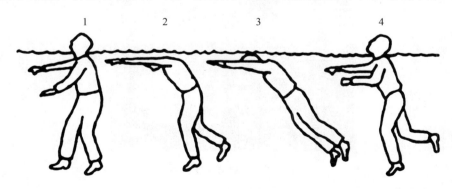

图 5-10 水中防止溺水方法

（1）求生者直立漂浮并深吸一口气。

（2）脸浸入水中,保持嘴紧闭,胳膊前伸,置于水平位置。

（3）放松体位,直到需要换气。

（4）抬头出水面,踩水调整呼吸,再恢复到放松漂浮体位。

（五）利用衣服自制临时浮具

对于水中的求生者,如果没有任何漂浮物或者救生衣帮助漂浮,则可以尝试利用上衣、裤子、袋子等制成临时浮具漂浮待救。其中,以裤子作为临时浮具比较实用(见图5-11)。

图 5-11 利用裤子自制临时浮具

用裤子制作临时浮具,应执行下列步骤:

（1）深呼吸,弯曲身体,脱下鞋子;

（2）脱下裤子,扣好钮扣或拉上拉链,关闭裤子前面开口,控制空气流动;

（3）用平结系好裤管,并套在脖子上,绳结位于颈后;

（4）面对裤子前面开口处;

（5）握住裤腰使裤子位于身前水面之上;

（6）用一只手在水面抓住腰带,另一只手放入腰带内,掌心向下;

（7）快速抖动手臂以产生气泡,这样可以将水和空气混合的气泡送到裤子内,水穿过衣服纤维,而空气则留存在裤管内;

（8）在水下握紧并封住裤腰;

（9）后仰放松,保持漂浮。

为减少空气逸出,应经常向水面上的衣物溅水。采用"铲水"方式补充裤子内空气(见图5-12),用一只手打开裤腰,放在身体之前刚好在水面以下,用另一只手向已经开启的裤腰内积聚气体,直至裤内有足够空气为止。

（六）发现附近出现救生艇筏和救援船舶应设法显示自己的位置

当发现附近出现救生艇筏和救援船舶,水中求生者必须设法显示自己的位置以便

图 5-12　给裤子补充空气

被发现,得到救助。求生者应立即改为身体直立水中稍向前倾,头部露出水面姿势,采用踩水(也称为立泳)保持在水中漂浮,并将双手举出水面上下左右摆动。当救生艇筏和救助船舶在 1 000 m 以内时,可以大声呼救。除非过往船舶已发现求生者并停船准备救援外,求生者不应盲目游泳追赶航行中船舶。

第三节 低温水中的求生行动

　　1912 年"泰坦尼克号"客船在航行途中与冰山相撞不幸沉没。"泰坦尼克号"客船沉没 1 h 50 min 后,救援船赶到现场,此时浸在冷水中的 1 489 人无一幸存。造成这一惨剧的部分原因是没有准备防护衣服,浮具不足以及缺乏海上求生常识。如果遇难者和救援人员多了解一些低温水中求生的知识,将会有更多人员得救。

　　在第二次世界大战期间,英国皇家海军有 45 000 人在海中丧生。其中 30 000 人是溺水死亡或低温致死。溺水死亡的主要是由于寒冷而丧失活动能力所致。甚至时至今日类似情况还会时有发生。

　　因此,了解身体在冷水中的反应,掌握在冷水中应对低温的求生方法,对于在水中的求生者是至关重要的。

一、低温效应

　　水的导热率是空气的 25 倍,对于求生者来说,在弃船时,如果可能,应尽量避免直接进入冷水。浸没在冷水中的求生者面临的最大危险在于低温效应。低温效应分为四个阶段:冷冲击、游泳障碍、低体温症、浸没后虚脱(见图 5-13)。

(一)冷冲击

　　对于刚进入冷水中的求生者,由于身体表皮温度的下降,会遭受冷冲击的影响。冷

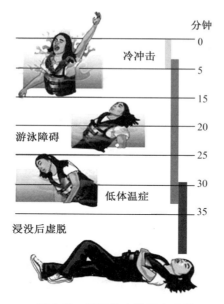

图 5-13　低温效应的四个阶段

冲击是人体应对进入冷水的一种加快呼吸反应。初期表现是一阵非自主性气喘,伴随着换气过度,紧接着还会出现一定程度的定向力障碍。冷冲击影响的严重程度与水的寒冷程度成比例。

　　冷冲击仅持续大约 1~3 min,因此对于未穿救生衣的落水者,在最初至关重要的几分钟,必须全力以赴避免溺水。若面部浸入水中出现初期的非自主性气喘,肺内的空气就将被水替换。若在波浪滔滔的水中无法控制呼吸并失去方向感,则在涌浪之间调整呼吸或许更加困难。为避免溺水,必须尽力保持面部露出水面:转动身体背对着涌浪,防止吸入浪花和海水。竭尽全力控制呼吸,提示自己:冷冲击很快就会度过。

　　(二)游泳障碍

　　冷冲击过后,进入短期浸没阶段,人体表皮以下的肌肉、神经温度开始降低,造成四肢僵硬,不能完成简单的物理动作。游泳能力严重下降。水温越低,人员游泳能力下降越严重。这个阶段大概持续 10 min,在这种情况下,如果落水者没有任何漂浮用具,可能会溺水。

　　(三)低体温症

　　随着浸没时间的增长,人体主要器官(心脏、脑等)温度开始降低。求生者面临低体温症的危险。低体温症是指人体核心温度由 37 ℃ 降到 35 ℃ 以下。对于海上求生人员而言,体热消耗是最主要的危险之一。表 5-1 给出了不同温度条件下,水中求生者失去意识的参考时间和预计生存时间。

表 5-1　求生者在不同水温下存活的参考时间

水温（℃）	无意识时间	预计生存时间
0	<15 min	45 min
0~4	15~30 min	30~90 min
4~10	30~60 min	1~3 h
10~16	1~2 h	1~6 h
16~21	2~7 h	2~40 h
21~27	3~12 h	3 h~不定
>27	不定	不定

在暴露于寒冷中的最初一瞬间,人体为避免热量过分消耗会收缩皮肤表面的血管以减少从血管传热至体表,而且身体发抖以产生较多的热量来抵御寒冷。然而,如果暴露时间一长,人体将不能保存体温或产生足够热量,于是体温开始下降。当体温下降至 35 ℃ 以下时,人员就会患上"低体温症"。此时,患者一定会出现不适、疲倦、失调、麻木、说话不清、神志不清和精神恍惚等。随着体温进一步下降,患者会失去知觉,肌肉僵硬而不再发抖,并且瞳孔可能放大。心跳变得无规律而且缓慢微弱,几乎察觉不到脉搏。虽然患者处在低体温的各个阶段都有可能死亡,但当其体温很低时难以确定是死还是活。低体温症致死定义为无法回暖复苏。

低体温症在不同阶段的症状表现如下:

（1）当体温下降到 35 ℃ 以下时,人就会患"低温昏迷";

（2）当体温下降到 31 ℃ 以下时,人就会失去知觉;

（3）当体温下降到 28 ℃ 以下时,出现血管硬化;

（4）当体温下降到 24~26 ℃ 时,即发生死亡。

（四）浸没后虚脱

低温效应的第四个阶段为浸没后虚脱。对于浸没冷水造成死亡的人员,由浸没后虚脱造成死亡的比例为 20%。在被救助前、被救助中及被救助后都可能发生冷水中求生者死亡的情况。浸没后虚脱分为救助前虚脱、救助中虚脱及救助后虚脱三种情况。

1. 救助前虚脱

救助前虚脱是指冷水中的求生者在发现救援人员到来时出现的病情突然恶化的现象。求生者浸没在冷水中会分泌一种叫儿茶酚胺的物质,儿茶酚胺中的去甲肾上腺素能够帮助维持血压,对体温过低有保护作用。当求生者发现救援人员时,产生的缓解感会导致儿茶酚胺分泌减少,从而使其保护作用减弱,进而发生危险。

2. 救助中虚脱

救助中虚脱是指冷水中求生者在被救助离开水面时出现的病情恶化的现象。若求生者已浸入水中一定时间,体内血液流动遭到破坏,可能出现脱水症状。在救助其离开水面时可能会发生血液循环障碍,致使心脏正常跳动的节律被打乱,进而发生危险。

3. 救助后虚脱

救助后虚脱是指冷水中求生者被救助后,由于恢复体温不当而导致病情恶化的现象。

低体温症严重破坏了身体的正常功能,求生者自冷水中被救起时无法在短时间的恢复正常状态。对求生者进行恢复体温时,如果复温不当会导致血管向肢体末端开放,带走核心的温暖的血液,而使滞留在肢体末端的较凉血液返回核心,造成中心温度进一步下降,进而发生危险。

二、低温水中应采取的行动

(一)弃船前应采取的行动

(1)如果可能,尽量不要通过跳水或其他身体接触海水的方式离船。

(2)多穿几层衣服。遮住头部、颈部、胸部两侧、腹股沟等散热快的部位。另外,穿着衣服时,良好的分层有助于保存体温。紧贴着皮肤的衣服要选择柔软、温暖的羊毛材质的衣服,外层应选择防风防水的衣服,这样更有利于保存体温。

(3)如果配备了救生服,就将它穿在暖和衣服的外面。

(4)应穿着救生衣,并保证穿着正确并系牢。因为在冷水中,人体会很快丧失手指的活动能力,冷水条件下,在水中穿救生衣是不可能的。不管用什么方式预防低温,必须穿着救生衣,救生衣不但能提供浮力,其上配备的哨笛、救生衣灯、反光带还能增加被发现的机会。

(二)低温水中应采取的行动

(1)不得不进入水中时,如可能,应尽量使身体逐渐入水,以减小冷冲击的影响。

(2)浸没冷水中的初始冷冲击反应仅持续 3 min,入水后,应尽量保持冷静,直至能够控制呼吸。

(3)初始冷冲击反应过后,应寻找救生艇筏或其他水中求生者或漂浮物。

(4)在手指失去活动能力之前调整好救生衣松紧程度及哨笛、救生衣灯的位置。

(5)使身体尽可能多地离开水面。

(6)不要做不必要的游泳。游泳会加快热量的散失。只有在附近有同伴、漂浮物,并且确定能够到达目标时,才选择游泳。

(7)当试图游泳去接触漂浮物时,应游向漂浮物的下风方向,而不是直接游向漂浮物。注意观察漂浮物的位置和移动方向,如果漂浮物漂移过快而无法接近,应停止游泳并保持平静。

(8)如果不需要游泳,应保持平静并采用"HELP"(Escape Lessening Posture)姿势(见图5-14)。"HELP"姿势,即两腿弯曲并拢,两肘紧贴在身体两侧,两臂交叉抱在救生衣前面,尽可能不动地漂浮在水面。这种姿势可以最大限度地减少身体表面暴露在冷水中,尽量保持头颈露出水面。但是,在海面有浪时采用"HELP"姿势,由于双腿的动作会起到类似于海锚的作用,因而求生者漂浮一段时间后会面朝海浪,这时应轻轻用手划水,调整身体成背对海浪的姿态。

另一种保存热量的姿势是几个漂浮人员紧紧地抱在一起,身体尽量接触,采用"HUDDLE"姿势漂流待救(见图5-15)。

图5-14　水中"HELP"姿势　　　　　图5-15　水中"HUDDLE"姿势

(9)如果水面有更多的求生者,那么,水中求生者应主动集结。集结的作用有:更好地保存体温;增大目标,增加获救的机会;提供更好的视野(360°);相互鼓励,增加求生的信心。

下面介绍两种集结的方法:

①"旋转木马"式水面集结

所有水中求生者以手肘相连接,围成一个圆圈,双腿伸向圆圈中心,膝盖尽量靠近胸部。当海面有风浪时,尽量用一只手护住自己的口鼻(见图5-16)。

图5-16　"旋转木马"式水面集结

②"地毯"式水面集结

将水中的求生者分成两组,每组求生者分别以肘部相连接,双腿伸向另一组;两组求生者分别抓住对面求生者的双脚,拉向自己并置于身体两侧。如有风浪,应尽量用一只手护住自己的口鼻。当有人遭受低体温症的影响时,可将此人置于两组求生者形成的平台上,减轻低温对其的影响(见图5-17)。

图5-17 "地毯"式水面集结

(10)如果救生衣装备了防浪面罩(Spray Hood)(见图5-18),应佩戴好,它能在水中使你的脸部免受海浪的冲击。

图5-18 救生衣防浪面罩

(11)当发现救助者时,应尽量用哨笛引起救助者的注意(见图5-19),水中求生者在没穿救生衣的情况下,不要试图挥舞双臂来引起救助人员的注意,这样会失去浮力,发生危险。

(12)始终对求生和获救保持一种积极态度,这样会增加延长生存时间直至最终获救。求生意志的强与弱,对于求生者来讲会产生完全不同的效果。

图 5-19　利用哨笛求救

尽管影响冷水中生存时间的因素是多样的,但采取正确的行动有助于延长生存的时间,增加获救的机会。同样的水温下,不同的水中行动所产生的效果是不同的,如表 5-2 所示。研究表明,对于水中的求生者,有无漂浮设备和采取不同行动时,人在 10 ℃ 的低温水中存活的参考时间有很大差异。

表 5-2　10 ℃水温下不同行动下存活的参考时间

设备和行动	10 ℃水中预计生存时间
无漂浮设备	
防溺水姿势	1.5 h
踩水	2 h
穿着救生衣	
游泳	2 h
保持平静	2.7 h
"HELP"姿势	4 h
"HUDDLE"姿势	4 h
穿着救生服	
救生服	不定

(三)被救助时应采取的行动

(1)被救助时,求生者不要过度用力,让救援人员完成这项工作,他们的状态比求生者要好。

(2)被救助时,求生者也不要过早放松,要始终保持求生的决心。

三、对冷水中遇险者的急救

治疗方法主要取决遇险者当时的状况和可以使用器材的情况。若遇险者处于半昏迷或完全昏迷状态,应立即与船或岸上医疗机构取得联系,以获得护理和转运遇险者的详细资料。在等待医疗指导期间,应采取如下急救行动:

（1）自冷水中救起遇险者以后，应轻轻地将他转移到温暖的环境中，脱去遇险者的衣服，把遇险者全身擦干净，并换上干的衣物，尤其注意头部和颈部的保暖。

（2）除了呕吐者之外，应保持遇险者面部向上，头部稍微向下且下肢稍抬高的平卧体位。这一点非常重要，因为过冷遇险者处于低血压状态，低头位有利于为大脑提供足够的血液。

（3）如可行，可为低体温患者提供温暖湿润的氧气。氧气不但可以帮助呼吸困难或呼吸频率较低的遇险者，而且也有助于恢复体温。若遇险者存在呼吸问题而且又没有其他可用的救助形式，建议采用口对口人工呼吸复苏术。

（4）对于浸入冷水中时间较短的低体温症患者，因为低体温症快速发作，人体内还未发生体液失衡，因此应立即恢复体温。下面推荐几种恢复体温的方法：

①把遇险者浸泡在 40~42 ℃ 的热水浴盆中，持续 10 min。如果受害者是清醒的，四肢与温水接触可能会非常疼痛，但是把受害者浸没在浴缸里是非常重要的。

②如果没有大量的热水，可以使用热水袋（或玻璃瓶）来复温。第一个热水袋应放在脖子下面，如果还有其他热水袋，应将其置于腋下和腿部之间（腹股沟区）。注意保持热水袋的温度。

第四节 危险海洋生物的防范措施

海洋中的物种成千上万，其中有一部分是会对人类造成伤害的，尤其在热带水域，海洋生物对人类的侵害更是时有发生。因此，对于落入水中的海上求生者来说，了解一些危险海洋生物的知识是十分必要的。下面介绍几种危险的海洋生物及其防范措施。

一、鲨鱼

（一）鲨鱼的习性

鲨鱼（Shark），被一些人认为是海洋中最凶猛的动物。其种类很多，世界海洋中至少有 350 多种。鲨鱼食肉成性，凶猛异常，食饵时的贪婪凶残本性，给人们留下了可怕的形象，所以鲨鱼号称"海中狼"（见图 5-20）。全世界所有海洋中都有鲨鱼出没。很多鲨鱼在深海生活和捕食，也有一些鲨鱼仅在近海海面捕食。热带、亚热带海域的鲨鱼比温带海域的鲨鱼更具有攻击性。它们通常捕食所有类型的活体动物，它们也会攻击受伤或虚弱的动物。

（1）鲨鱼的身体坚硬，肌肉发达，体型在不同程度上呈纺锤形。鲨鱼没有鳔，密度比水稍大，如果它们不积极游动，就会沉到海底。因此鲨鱼游得很快，但只能在短时间内保持高速。

（2）鲨鱼头脑发达，能借助电磁场导航，将信息储存在大脑的中心部位，而且可直接把信息发送到运动神经系统。

(a)大白鲨

(b)双髻鲨

图 5-20 鲨鱼

（3）鲨鱼在海水中对气味特别敏感，尤其对血腥味，甚至能超过狗的嗅觉。它可以嗅出水中 1ppm（百万分之一）浓度的血腥味来，如 5~7 m 长的噬人鲨，其灵敏的嗅觉可嗅出数千米外的受伤者和海洋动物的血腥味。鲨鱼凭借敏感的嗅觉维持全部生命活动。

（4）鲨鱼的牙齿不仅强劲有力，而且锋利无比。例如，有些鲨鱼的牙齿长得利如剃刀，可以用来切割食物；有的牙齿生成锯齿状，可以用来撕扯食物；还有的牙齿呈扁平臼状，可以用来压碎食物外壳和骨头等。

（5）鲨鱼几乎可以从任何位置下口，无须转身撕咬。有些大型鲨鱼的颚很长且向前突伸。它们不需要侧身就能轻易咬住漂浮物。

（6）鲨鱼可能单独捕食，但是大多数鲨鱼攻击报告中都出现了多条鲨鱼。小型鲨鱼通常成群游动，集体攻击。只要其中一条鲨鱼发现猎物，其他鲨鱼就会很快加入进攻行列。

（7）鲨鱼在全天各个时刻都会进食。大多数遭遇鲨鱼和鲨鱼攻击的事件均发生在白天，其中很多事件发生在下午的晚些时候。

（二）预防鲨鱼攻击的措施

在鲨鱼出没水域可以采取下列措施保护自己，预防鲨鱼袭击：

（1）穿上所有衣服，包括鞋靴。人类的奇怪的表情、衣服产生的令人迷惑的形状对鲨鱼而言十分新鲜，身着衣服的人更加安全。历史纪录表明，鲨鱼首先攻击一群人中的赤裸者，主要攻击腿部。如果鲨鱼蹭到人的身上，衣服还能起到保护作用，防止磨伤。

（2）不散发气味。鲨鱼的视力有限，在水中主要通过嗅觉和身体摆动确定目标的位置，对血液和身体的排泄物如大小便相当敏感。因此，在弃船和海上待救过程中，求生者必须注意自身保护，避免身体受伤，避免小便。如果尿急，必须采取少量多次排尿的方式。让尿液在几次小便期间稀释。如果忍不住要呕吐，也应采取相同的方法。

（3）与其他水中人员聚在一起，始终监视海面是否有鲨鱼出没。一群人可以实施360°监视，与孤军作战相比，一群人吓跑或击退鲨鱼的概率更大。

（4）如果鲨鱼保持在一定距离之外，说明鲨鱼仍在感到好奇，但如果它向内打转，开始突然起动,则鲨鱼攻击的可能性大大增加。面临鲨鱼攻击时,应尽力泼水、大喊,让鲨鱼不敢逼近。有时,水下喊叫或反复泼水可以吓跑鲨鱼。应保存体力,以便在鲨鱼进攻时奋力一搏。

(5)如遇鲨鱼攻击,应手脚并用,踢打鲨鱼。如有可能,应击打鲨鱼的鱼鳃或眼睛。如果击打鲨鱼的鼻子,而鲨鱼突然闪开,则可能打到它的牙齿,反而受伤。

二、其他危险的海洋生物

(一)有毒的水母

箱水母(Box Jellyfish)也称作海黄蜂水母,主要生活在澳大利亚东北沿海水域,经常漂浮在昆士兰海岸的浅海水域,被认为是目前世界上已知的、对人类毒性最强的生物(见图 5-21)。成年的箱水母,有足球那么大,呈蘑菇形状,近乎透明。当箱水母发现猎物时,它就快速漂过去,用触须把猎物牢牢缠住,并立即用毒针喷射毒液。毒液一旦喷射到人的身上,皮肤上就会立即出现许多条鲜红的伤痕,毒液很快就侵入人的心脏,只需两三分钟就会致人死亡。

僧帽水母(Physalia)为亮蓝色的浮囊充满气体,浮于海面,形状如一顶和尚帽,故称作僧帽水母(见图 5-22)。僧帽水母主要分布在亚热带海域,这种漂浮的囊状物近 15 cm 长,但其触手可延伸到 12 m 开外。接触其触手后会造成麻痹,而且神经系统尤其是中枢神经系统比肌肉系统出现得早。受其伤害虽不足以致命,但足以致残。

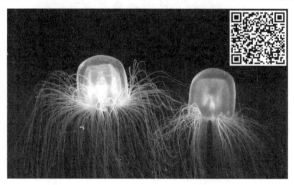

图 5-21　箱水母

(二)海蛇

海蛇(Pelamis Platurus),其身体构造与眼镜蛇相似,都是具有前沟牙的毒蛇;但是海蛇尾侧扁如桨,躯干后部亦略侧扁(见图 5-23)。现存的海蛇约有 50 种,广泛分布于印度洋和太平洋等暖水性海洋,从印度洋的非洲东海岸穿越印度洋到太平洋的美洲西海岸,从日本向南到澳大利亚沿岸均有分布。但大西洋中没有海蛇。世界上大多数海蛇主要聚集在大洋洲北部至南亚各半岛之间的水域内。

海蛇的毒液属于最强的动物毒。海蛇咬人后,开始局部症状往往不明显,无异常出血,无疼痛感。被咬伤的人,可能在几小时至几天内死亡。多数海蛇只有在受到骚扰时才伤人。

图 5-22　僧帽水母

图 5-23　海蛇

(三)蓝环章鱼

　　蓝环章鱼是已知毒性最猛烈的有毒动物之一,主要栖息在日本与澳大利亚之间的太平洋海域中(见图 5-24)。尽管体型相当小,一只蓝环章鱼所携带的毒素却足以在数分钟内一次杀死 26 名成年人。而目前还尚无有效的抗毒素来预防它。章鱼的毒液能阻止血凝,使伤口大量出血且感觉刺痛,最后全身发烧,呼吸困难,重者致死,轻者也需治疗三四周才能恢复健康。蓝环章鱼不会主动攻击人类,除非它们受到很大的威胁。大多数对人类的攻击发生在蓝环章鱼从水中被提起来或被踩到的时候。

图 5-24　蓝环章鱼

第五节　　油火海面求生行动

船舶在发生海难事故时,燃油或货油可能漂浮至海面,因此,在水中求生时,必须尽快游离难船,摆脱浮油。采取逆流或者向船舶上风方向游进的方式,使风和流将浮油带走,将有助于离开浮油。

一、游出火势强劲的油火海面

在弃船求生时,如果海面出现油火,求生人员最好通过救生艇筏离开难船,如不得不跳入水中求生且需要穿越火势强劲的海面,应保持镇静并采取如下措施:

(1)选择上风舷、火势较弱、油层较薄且容易通过的海面跳水。

(2)脱掉鞋并携带未充气的气胀式救生衣。如果没有气胀式救生衣,可在固有浮力式救生衣上连接一根绳索,并挎在肩上。

(3)跳水时,一手紧紧攥住救生衣,用另一只手捂住口鼻,紧闭双眼并深吸一口气,尽量向远处跳出,保持身体头在上,脚在下垂直入水的姿态。

(4)入水后,迅速采用潜泳向上风方向快速游进。

(5)在需要呼吸时,先将双手伸出水面做圆周拨水动作,待拨开水面油火后,再将头露出水面调整呼吸,呼吸时应面向下风。

(6)再度下潜之前,深吸一口气,朝既定方向游进。

(7)以此方法继续潜游,直到离开油火海区。

二、游离油污海面

如果周围水域布满油污,但未燃烧,要保持人员一直漂浮在水面上,同时应尽量抬高头部,避免油污接触眼睛、鼻腔及口腔。必要时可多穿、带救生设备(器材)或者将其他救生设备(器材)绑在腰上,这样可以增大浮力,抬高肢体。

第六章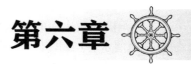

在救生艇筏上应采取的行动

通常,由于大型船舶的储备浮力、稳性和强度方面的性能都优于救生艇筏,所以船舶要比任何救生艇筏都安全,只有在船舶发生海难事故致使船舶即将沉没时,才能选择利用救生艇筏弃船求生。利用救生艇筏求生应遵循如下原则:

(1)注意自身保护。

海上遇险求生中,求生者必须采取各种有效措施保护好自己,避免使自己暴露在不利的环境中而受到伤害。

(2)合理使用淡水和食物。

(3)保持与正确显示救生艇筏的位置,以增加获救机会。

(4)坚定求生的信心。

第一节 登上救生艇筏后的初始行动

一、初始的有效行动

(1)求生者登上救生艇筏后,应迅速脱开连接难船的缆绳,并立即向上风方向离开难船,保持在安全距离等待救援。安全距离是指在保证自身安全下,距离难船最近的距离。影响安全距离的因素有很多,比如,船型、货物性质、天气条件、沉船周围的残骸或其他危险等。确定安全距离时,应考虑下列因素:

①货物因素

——油船、化学品船失火后的有毒烟雾、爆炸危险、泄露到水面的大量可燃物。

——集装箱船可能会有集装箱散落在水中,其边缘露出水面,会对救生艇筏造成威胁。

——杂货或木材等散落在水中,露出水面部分对救生艇筏的影响。

②天气因素

救生艇由于受风面积大,在大风天气时,救生艇的漂移速度甚至要比难船和水面残骸快。

(2)积极搜救水面的落水者。救生艇筏离开难船后,应主动在失事地点附近海面搜救其他落水者(见图6-1)。在搜救过程中应不断对四周海面搜索瞭望,要密切注视海面上是否有救生圈(衣)上所发出的示位灯光,并应仔细倾听是否有落水者为求救而发出的哨笛声。

图 6-1　救生艇筏救助水面落水者

(3)主动集结救生艇筏。所有的救生艇筏应主动集结,由救助艇或救生艇来拖带救生筏,以增大目标,增加被发现的机会(见图6-2)。

图 6-2　集结救生艇筏

(4)释放海锚或流锚,减缓漂流速度。使艇筏尽量停留在难船附近,增加被救的机会。

(5)安装定位设备,包括雷达反射器或搜救雷达应答器或自动识别搜救发射器。

(6)大船沉没后,应在附近寻找漂浮在水面的有用的物资。

(7)保持艇筏上求生者的士气。求生者的士气,应该是全体求生人员都应具有坚定的生存信念、顽强的求生意志、严格的组织纪律、自我献身的品质和团结一致的精神。求生者对他面临的困境采取什么态度,其结果是绝对不同的。希望可以带给人努力奋斗的力量。

二、建立完善的组织

救生艇筏上的人员,应根据实际情况,建立一个完善的组织,指定或推选一位坚定而又值得信赖的领导者,负责救生艇筏上的管理工作。

领导者应对艇筏上的求生者点名,并根据个人的情况和特长明确具体分工:

(1)指定专人管理饮水和食物。

(2)指定专人管理药物并照顾伤病员。

(3)指定专人负责艇筏的维护修理。

(4)指定专人负责做好记录。

求生过程中应有专人记录船舶沉没的时间,人员的名字、身体状况,配餐时间表,也要记录风、流、天气海况、日出日落时间和其他导航数据。

(5)组织艇筏内人员 24 h 值班,当艇筏内人数足够时,应采取每班 2 人,一人负责外部瞭望,另一人负责内勤的值班方式。通常每班的值班时间为 1 h,当天气寒冷时,可适当缩短每一班的值班时间。若艇筏内的人员不足,则也必须保持一人值班,同时负责瞭望和内部勤务工作。

①内勤的主要职责:

——应全面、仔细地采取一切有效手段,及时发现艇筏内的各种危险情况。例如艇筏有任何渗漏之处,应能及时发现和修补。

——注意确保救生筏浮胎气体充足但不能过满,气体存在热胀冷缩的现象,因此,天气酷热时应适当放气,天气寒冷时应及时补气。另外,如果救生筏上沾染油类,要注意清理,因为石油可能破坏救生筏体上由胶连接的部分。

——随时排出积水,注意通风保暖,保持艇筏内部的干燥和卫生。

——照料好伤、病员。

——根据领导人员的安排清点属具备品,按时发放淡水、食物。

②外勤的主要职责:

——保持有效的瞭望,注意观察黑暗中的灯光,及时发现前来搜救或过往的船舶、飞机。注意倾听哨音和喊叫声,尽早发现水面的落水者。

——寻找陆地。

——随时注意艇筏周围及附近情况以及海洋生物的动态和放出救生艇筏外的渔具情况,及时捕捉海洋生物,以便补充食物。

——密切注意气象和海况的变化,当大风浪即将来临时,应及时唤醒全体人员,切实做好抗风浪的准备,如:固定好救生艇筏内的设施设备,督促每人系好救生索或安全带。

——当降雨时,应及时发动全体人员尽一切努力做好雨水的收集工作。

——保持与其他艇筏的联系。

第二节 救生艇筏上求生者的自身保护

海上遇险求生,最主要的是要注意自身保护,自身保护即不论在热带海洋或寒冷气候中都要注意避免暴露。求生者必须采取有效的措施保护好自己,避免自己暴露在不利的环境中而受到伤害。

一、在寒冷气候中的保护措施

救生艇筏的求生者在寒冷的环境里虽可避免在冷水中遭受的过冷危险,但随之而来的却是疾病的威胁——湿冻伤。这种病是由于湿、冷和不活动的综合作用而引起的。如果求生者所乘的艇筏漏水而使他们的腿脚长时间浸泡在 15 ℃的水中,大约在两天之后腿脚就会肿起来,先是感到发痒,随之感到"麻木"而失去知觉,表皮出现类似发炎的状态,局部组织出现真正的冻伤。这种出现在腿脚上的湿冻伤,在国际上和所有的航海者都惯用的名称是"浸泡足"。对于这种湿冻伤,重要的是尽早采取预防保护措施:

(1)应穿着保暖衣服,外层最好穿上能防水的衣服,并将袖口、领口、裤管口等扎紧。

(2)穿着救生衣、TPA 或保温救生服能起到很好的保暖作用(见图6-3)。

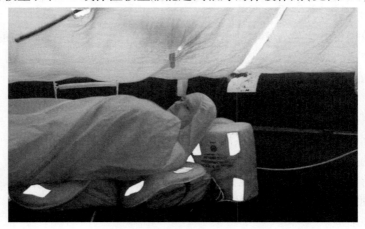

图6-3 穿着 TPA 在救生筏内待救

(3)保持艇筏内温暖干燥,及时地排出艇筏内的积水,调整通风至最低需要。尽量避免腿脚长时间地浸泡在水中。

(4)必要时数名求生者可紧靠在一起取暖。如有备用毛毯、衣服均应用于保暖。为了保持血液循环,又不浪费体力,可伸缩四肢,活动脚趾、手指、腕部等,做一些简单的运动,必要时应适当周期性地松紧妨碍血液流通的衣带鞋帽。

(5)避免长时间暴露在寒冷之中,避免风和雨等对人体的袭击,定时更替瞭望值班人员,缩短每次值班的时间。

（6）不要吸烟,不能饮用含有酒精和咖啡因的饮料,这会引起血管收缩,会使脑部和手脚的供血减少。

（7）如果可能,身上涂上油脂或脂肪(从海洋生物获得)可起到保温的效果。

（8）如果可能,给遭受寒冷的人员提供额外的口粮有助于使他的身体变暖。

二、在酷热气候中的保护措施

在酷热的气候中,救生艇筏上的求生者可能面临中暑、脱水及由于晒伤和含盐的海水对人体皮肤的危害。

如果在酷热气候下,皮肤接触海水,盐水会带走皮肤天然的水分,晒伤会加速脱水,在盐的刺激下,皮肤会快速干燥、龟裂、肿胀,甚至产生皮疹和脓疮。中暑也会带来口渴、恶心呕吐等症状,使求生者脱水甚至发展成热射病导致死亡。因此,酷热气候下,救生艇筏上的求生者所面临的最大威胁是缺水。如前所述,一旦断水,求生者的生命仅能维持数天,为了延长生命,求生者必须减少对饮水的需要量。由于人体摄取水分的数量是由体内排出水分的数量而定的,因此要设法减少人体失去水分和预防其他疾病的发生并应采取如下措施:

（1）按照救生艇筏内配备的定额口粮食用,可以减少额外水分的需要。

（2）及时服用晕浪药片,以防晕浪呕吐。

（3）平静休息,避免不必要的运动。

（4）在热带地区,白昼太热时,为减少身体水分通过汗水流失,可将所穿衣服弄湿穿在身上。但夜晚前应晒干,因为尽管在热带海域,晚上也会很冷;但要注意,在操作时,不要把艇筏底部弄湿。

（5）利用救生艇筏的顶棚或任何织物做好遮蔽,避免阳光的暴晒。

（6）在不受海浪威胁的情况下,尽量保持良好的通风。

（7）在阳光下尽可能多坐少躺,以减少身体受阳光照射的面积。

（8）把艇筏外部及遮篷弄湿,或把救生筏的筏底放气使海水冷却筏底以降低救生艇筏内的温度。

（9）不要下海游泳,游泳容易消耗体力而口渴,另外可能会遭受危险海洋生物的威胁。

（10）止血并治疗外伤或烧伤。

三、受风、雨及海浪侵袭时,应及时采取的保护措施

1. 在风侵袭下应采取的措施

在寒冷天气时,救生艇应放出海锚,使艇首顶风,以减少强风侵袭,救生筏应调整漂流锚的位置,使入口背风,并关闭入口。

2. 在雨侵袭下应采取的措施

救生艇筏应采取遮盖的方式,并防止艇筏内雨水侵积,注意排水。雨量较大时可将入口关闭,以防雨水渗入,并及时用海绵擦干。但仍需积极收集雨水,并予以储存。

3. 在海浪侵袭下应采取的措施

若因大风浪吹袭而打入海水,则应关闭所有入口,仅留最小口以保证呼吸及通风之用,若已有海水打入,应尽快将海水排出艇筏之外,以保持艇筏内不受水浸。在大风浪中,所有人员应保持坐姿,不能坐在救生艇筏的边缘或站起,防止人员被甩出艇筏外或造成外伤。艇筏内人员应尽量保持艇筏的平衡,体重大的人员应坐在中间,禁止在没有告知其他成员的情况下突然移动。

四、预防晕浪

求生者在艇筏上遇到另一个较为严重的问题是与饮水和食物吸收密切相关的晕浪。事实证明:即使久经海上风浪考验的老船员,在救生艇筏上也会严重晕浪,尤其在体型较小的救生筏上,更易随波浪起伏发生激烈颠簸。晕浪会造成恶心呕吐,但更严重的是呕吐会使人体大量失水。导致晕浪呕吐的重要原因是人的平衡系统中内耳的三个半规管失调。此外,由于艇筏的摇摆颠簸,水天线起伏不已和艇筏内难闻的气味都会造成各种刺激而加重晕浪的症状。

虽然多数人的晕浪至多三天后就能适应,并停止呕吐,不过,那时人的机体可能已丧失了许多体液和电解质,以致会严重地危及生命。因此,每一个求生者在登上救生艇筏后均应立即服用晕浪药物(见图 6-4),以防止呕吐,服用晕浪药片后,能抑制饮水之欲望,故仍不失为保存体内水分之良策。服用晕浪药的正确方式是,把药片放在舌头下面,让它们逐渐溶解。除服用晕浪药外,为防止晕浪还应采取以下措施:

(1)施放海锚,保持适当的通风并使艇筏顶浪以减轻摇摆;

(2)在可能的情况下,正常供给淡水;

(3)保持安静,适当休息,保存体力;

(4)互相鼓励帮助,坚定意志和信心。

第三节　淡水、食物的管理

一、艇筏上淡水的分配和使用

水是人体内含量最多的物质,约占体重的60%,是维持机体正常生理活动的必要营养物质之一:一个普通的成年人在一般条件下平均每天要排出 2.5 L 水,其中,通过肾

图6-4　防晕浪药

脏排出1.5 L,肺排出0.5 L,出汗排出0.5 L。失去的水分如果补充不上,体内水分就会失去平衡。

当人体失去1/5以上的体液时,就会死亡。根据研究得知,人每天饮水量以0.5 L为维持活命的最低限度。对海上求生者来说,淡水比食物更加重要。有淡水无食物时,求生者仍可生存30~50天,但如无淡水只有食物,则仅能维持数天生命。因此在救生艇筏上的遇难船员必须对饮水实行严格的控制管理和正确的分配使用。

(一)淡水的配备

在救生艇上的淡水(见图6-5)是按额定乘员每人3 L配备的,可供满载人员7天使用(因为最初24 h内不供给淡水):救生筏中的淡水是按额定乘员每人1.5 L配备的,可供满载人员4天使用(也包括最初24 h内不供应淡水在内)。

图6-5　救生艇筏上的饮用水

(二)淡水的分配与应用

艇筏上的淡水要集中,有专人管理和分配。淡水的分配方法是从弃船求生24 h后每人每天0.5 L。饮用时,最好将每天分到的淡水分为三等份,日出前喝1/3,另外1/3日间用,最后1/3在日没之后喝。饮用时不要一口饮尽,要一小口一小口地喝,水要尽可能在嘴里含一会儿,润一润嘴唇、舌头、喉咙,然后慢慢地咽下。

(三)淡水的补充

救生艇筏内配备的淡水是有限的,因此,海上求生者应随时设法收集补充赖以生存

的饮水,其主要途径有下列几种:

1. 收集雨水和露水

雨水是最好的淡水来源。因此海上遇到下雨时,应使用一切可以作容器的装置多收集雨水。但最初收集到的雨水因为盛装容器含有盐分,应该倒掉,然后收集干净的雨水,收集到雨水后应让大家喝足,以补充前段日子体内水分的消耗,要知道雨水不能长期保存,所以,有雨水时应先喝雨水,艇筏上配备的淡水留作备用。雨水很少时,可用清洁布或衣服放在艇筏内的适当处,让水湿透,然后将水绞置入容器内。另外要注意,在天黑之前,应提前做好收集雨水的准备,以免失去夜间收集雨水的机会。

一般夜晚会产生水的凝结,因此,可以使用干净的织物(衣服)或海绵收集凝结的露水。如果收集露水的织物或海绵上有盐的结晶,应先用海水清洗,再用于收集露水。尽管含有海水,但清洗之后只会留下少量的盐,否则,使用含有结晶的织物收集露水会含有更多的盐分。

2. 利用海洋生物的体液

(1)生鱼的眼球有相当的水分,通过吸吮生鱼的眼球可获取淡水。

(2)鱼的脊骨含有可饮的髓液,可以把鱼切成两半,把椎骨分开吸吮鱼的髓液。

(3)将捉到的鲜鱼切成块,放在干净的破布中拧绞出体液,放入容器;

(4)海龟的血也是一种很好的代用饮水。

3. 海水的淡化

对于求生者来说,如果艇筏内配有相应的海水淡化设备,可采用海水淡化的方法获得淡水。

(1)利用太阳能蒸馏器制取淡水。

这种方法工具结构简单,效果良好,但只能在阳光充足的平静海面上完成,容易受到天气的影响。具体方法如下(见图6-6):

①将海水放入太阳能蒸馏器;

②海水蒸发,冷凝;

③淡水流入外槽;

④饮用。

如果艇筏上没有太阳能蒸馏器,也可自制太阳能蒸馏器。具体方法如下(见图6-7):

①用一开口容器承装海水;

②在容器外部包裹一层塑料薄膜;

③容器内部中央放一承装淡水的容器;

④在塑料薄膜中央放一重物。

这样也可达到制取淡水的目的。

(2)利用逆渗透手摇泵制取淡水。

图 6-6　太阳能蒸馏器制取淡水图

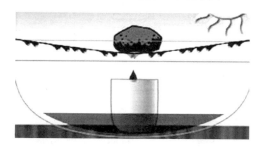

图 6-7　自制太阳能蒸馏器制取淡水图

如果艇筏内配备了逆渗透手摇泵设备,也可用该设备制取淡水。逆渗透泵的工作原理是通过高压使海水通过一个承压的薄膜,薄膜的渗透性只允许纯净的水通过,其余大概 99% 的盐分、细菌、灰尘等被留在薄膜的一侧(见图 6-8)。压力的产生方式可通过电力或人力,一般便携式逆渗透泵都是靠人力来实现加压的。此类设备制取淡水的效率高于太阳能蒸馏器,并不受天气影响,但是价格昂贵。

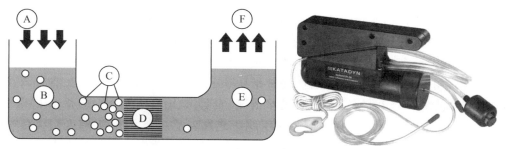

图 6-8　逆渗透手摇泵及工作原理

4. 冰块制水

在极地航行时,可使用海中陈年(1 年以上)的冰块制取淡水,这种冰块呈蓝色,易破裂,不难辨认。

（四）几个有关问题和注意事项

1. 饮水可以保存多久

这是一个很难回答的问题，因为它牵涉的因素很多，其中主要因素有：

（1）气温；

（2）水温；

（3）贮水器的清洁程度等。

如果条件许可，平时救生艇内的淡水应每隔 30 天更换一次，这样定期更换能使艇内淡水在 40~60 天内保持气味良好。但在炎热的天气里，饮水的保存时间可能缩短一半。

2. 如何辨别水质的好坏

在海上求生时，饮水是十分宝贵的，如果对饮水水质有任何怀疑时，不可轻易丢弃，应进行采样试验。

对饮水的水质进行采样试验应分两部进行：

第一步：初试——饮用少许，等待 1~2 h，如果身体无不良影响，可进行再试。

第二步：再试——多饮一些，等待 4~5 h，如无副作用，说明饮水水质基本是好的，但饮用也不宜过多。

另外，还可闻一闻饮水的气味，也可辨别水质好坏。

3. 不能饮用海水和尿

（1）不可饮用海水

在海上求生过程中，人体缺水时不能饮用海水。理由是人体肾脏能够承受的盐浓度一般不超过 2%，而海水中的含盐量往往大于 5%，为了排泄掉饮用 100 mL 海水中所含的盐分，不仅要把饮入的海水中的水分全部排掉，而且还要使身体失去 50 mL 水分。否则体内盐分就会增加，使肾脏的负担过重，以致使肾功能丧失。饮入海水后，会导致口渴、腹胀而后出现幻觉、神志昏迷、精神错乱等症状，威胁生命安全。国外有人调查了 4 000 名求生者在海上漂泊了三天的死难情况，表明：饮用海水而死亡的要比未喝海水而死亡的高出 12 倍。1966 年世界卫生组织正式发表了一个声明，提醒人们注意喝海水带来的危险，甚至掺有一定数量淡水的海水也不能喝。国际海事组织也表示过这种意见。

（2）不可饮用尿

理由是尿在海上求生过程中因喝水少而变浓，所含毒物增多，因而喝后不但不能解渴，而且还会导致恶心、呕吐，使体内的水分更加减少，更加口渴，甚至发狂而死亡。因此，国际海事组织也明确表示禁止饮用尿。

食物的消化过程需要消耗水分，尤其是高蛋白质的食物，如：鸟、鱼、虾的肉等。这些食物只能在淡水充足时，才可以食用。

二、救生艇筏上应急口粮的配备与分配

（一）应急口粮的配备

海难应急口粮是一种按份包装的压缩食品（见图6-9），每份压缩食品都是按最佳比例配制而成的，它只含有少量的蛋白质，是淡水供应不足情况下唯一较适宜的食物。救生艇内应急口粮是按额定乘员6天配备的，而救生筏内则按3天配备。

图6-9　救生艇筏口粮

（二）应急口粮的分配

第一天：（遇险最初24 h内）不得进食。

第二、三天：按日出、中午及日没时分配三次口粮，但不得给予超额食物。

第四天：若仍未获救，则从第四天起，口粮配额应予减少，如属必要可减少至规定配额的一半。

若艇筏上已经断水，则不得再吃食物，以免更加消耗体内的水分。

（三）海上食物的补充

救生艇筏上的应急口粮有限，因此较长时间在海上求生就必须设法在海上获取食物，其途径有以下几个方面：

1. 捕鱼

救生艇筏上的求生者可以利用艇筏内配备的钓鱼用具捕食鱼类。钓鱼用的鱼线在附着盐分的情况下，非常锋利，可能会割伤手或割破救生筏。因此，钓鱼时尽量不要空手控制鱼线，也要注意鱼线对救生筏浮胎的影响，应戴手套或用布包裹控制鱼线的手，钓到鱼时要防止鱼鳍、鱼鳃扎到手。另外注意，夜间钓鱼效果较好，因为黑暗中的灯光会吸引鱼类。

2. 捞取海藻

海藻、褐藻、海带等大多可以生食，叶子较好吃。

3. 收集浮游生物

各种浮游生物也可以补充求生者食物的不足。收集浮游生物的方法是利用袜、裤、

衬衣的袖子或其他多孔的衣着制成鱼网,将网拖曳在艇筏之后,即可收集到浮游生物。

(四)如何辨认食物的好坏

求生者从海中捞取食物后,应注意辨认所捞食物的好坏,在吃海藻之前应仔细检查,把附在上面的小生物弄掉;有些没有正常鱼鳞而带有刺、硬毛或棘毛的鱼多数是毒鱼,不能食用。通常发现有下列迹象的鱼不能食用:

(1)发育不正常的鱼。

(2)腹部隆起的鱼。

(3)眼珠深陷入头腔的鱼。

(4)有恶劣气味的鱼。

(5)用手揿入鱼肉有凹陷印记的鱼。

(6)鱼肉辛辣的鱼。

(五)人体所需的盐分

如果救生艇筏上无贮备盐,而又处于天气酷热,出汗很多时,身体内将需要补充盐分,这也是机体维持生命不可缺少的电解质。

体内缺盐时的表现:口渴甚至饮用相当数量的水,仍觉得口渴。这时,可将海水中冲淡后(海水含 15%～30%)内服,不致有不良后果,这样做不仅供给身体所需之盐分,而且增加了相当一天的供水量(15%～30%)。

第四节 正确显示救生艇筏的位置

救生艇筏在海面漂流待救时,受到风、流的影响,将会产生严重的漂移。如果救生艇筏上的求生者不能采取有效的手段显示其所在的位置,将会延误或失去获救的机会,因此,正确使用救生艇筏上的定位装置来显示位置至关重要。

一、正确使用无线电救生设备

(一)紧急无线电示位标(EPIRB)的使用

紧急无线电示位标型号繁多,但是使用方法大同小异,如图 6-10 所示为英国 MC-MURDO 生产的 Smartfind 系列 406 MHz EPIRB。本文以此设备为例,介绍紧急无线电示位标的使用。

1. EPIRB 的自动启动

当船舶沉没时,船上遇险人员没能及时把 EPIRB 带离船舶。EPIRB 随着船舶下沉水面以下 4 m 以内时,机箱上的静水压力释放器(HRU)将动作,把示位标从机箱释放出。示位标浮到水面,并由海水接通电源,开始自动发射遇险报警信号(见图 6-11)。

如果可能,应收回示位标系到救生艇筏上。示位标应标示遇险者的位置,而非海难

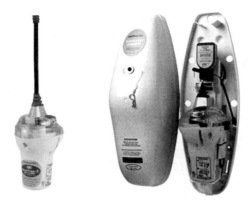

图 6-10　Smartfind 系列 406 MHz EPIRB

现场。为更好操作,应使示位标漂浮在救生艇筏附近的海面上。

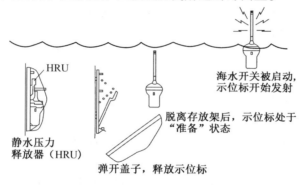

图 6-11　自动释放紧急无线电示位标

2. EPIRB 的人工启动

若船舶下沉时有时间携带示位标,应自存放架上取下示位标带到救生筏上。一旦救生筏降放到水中,解开拉索将示位标系在救生筏上,然后将示位标抛入水中使其漂浮在救生筏旁边。因海水开关已经接通,示位标开始发射遇险报警信号(见图 6-12)。

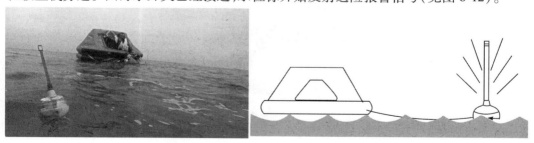

图 6-12　在救生筏上使用紧急无线电示位标

如果船舶没有沉没,但存在紧迫危险,应自存放架取下示位标按图中步骤人工启动示位标(见图 6-13)。

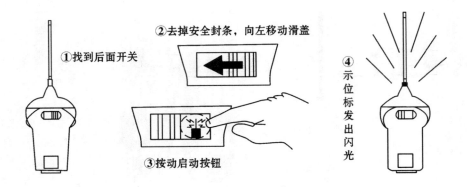

①找到后面开关

②去掉安全封条，向左移动滑盖

③按动启动按钮

④示位标发出闪光

图 6-13　人工启动紧急无线电示位标

(二)搜救雷达应答器(Radar-SART)的使用

搜救雷达应答器的种类型号同样较多,本文以 ACR Pathfinder 3 型 Radar-SART 为例,介绍 Radar-SART 的使用。

1. Radar-SART 的安装操作

Radar-SART 的安装操作如图 6-14 所示:

(1)Radar-SART 提供了一个可伸缩的安装杆,以确保 Radar-SART 固定在海面 1 m以上。

(2)简单地转动 Radar-SART 的底盖以释放安装杆,将杆子向下拉,并将其伸长至最大长度,并轻微转动使其固定。

(3)将 Radar-SART 底部的绳索展开,并将 Radar-SART 绑在救生艇筏上。

(4)始终将 Radar-SART 安装杆保持在垂直方向,并定期检查。

(5)确保 Radar-SART 不被金属物体或雷达反射器遮蔽。

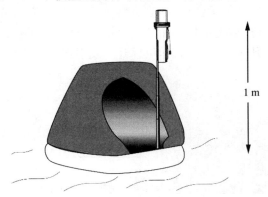

1 m

图 6-14　Radar-SART 安装操作

2. Radar-SART 的启动操作

Radar-SART 的启动操作如图 6-15 所示:

（1）从支架上拆下 Radar-SART。

（2）破坏封条，拔下红色拉片。

（3）向右旋转环状开关，使其处于 ON 位置。Radar-SART 会发出一声提示音，且每 4 s 闪光一次，闪烁的红灯表示 Radar-SART 正在开启。

（4）转动 SART 的底盖并将伸缩杆展开至其最大长度 1 m。

（5）拆下系索并将其固定在救生筏上。

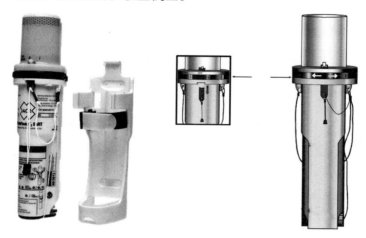

图 6-15 ACR Pathfinder 3 型 Radar-SART

3. Radar-SART 的测试操作

当你需要对 SART 进行测试时，将旋转开关环向左转动（TEST 位置）。当开关保持在测试位置时，SART 将发出一次哔哔声，并持续每 4 s 闪光一次。释放开关旋转开关，开关环将返回到关闭位置。

测试模式与启动模式相同，测试时，SART 将在任何 X 波段雷达范围内发出"遇险"信号。因此，应小心使用测试模式，以避免错误警报。

注意：增加 SART 的安装高度会使 SART 在更远处被探测到。因此，在安装 SART 时，可以利用救生艇筏内的桨、雷达反射器安装杆等设备与 SART 固定在一起，增加其安装高度。

（三）自动识别搜救发射器（AIS-SART）的使用

自动识别搜救发射器的种类型号同样较多，本文以 Kannad Marine Safelink 型的 AIS-SART 为例（见图 6-16），介绍 AIS-SART 的使用。

1. AIS-SART 的安装操作

（1）从包装盒内取出 AIS-SART，把 AIS-SART 插入安装杆顶部。

（2）取下安装杆底部橡胶封口，拉伸安装杆至最长。

（3）转动安装杆，使安装杆锁定在拉伸后的位置。

图 6-16 Kannad Marine Safelink 型 AIS-SART

（4）将 AIS-SART 固定在在救生艇筏上，保持安装杆垂直向上，且在水面 1 m 以上的位置。也可将 AIS-SART 上的绳索展开，并将其悬挂在救生筏上，确保其安装高度（见图 6-17）。

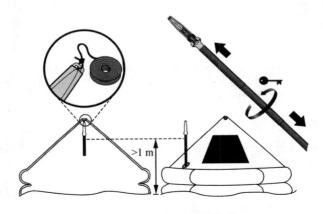

图 6-17 AIS-SART 的安装

2. AIS-SART 的启动操作

AIS-SART 的启动操作如图 6-18 所示：

（1）破坏红色封条，按下"ON"按钮。

（2）红色指示灯开始闪烁，每 3.5 s 闪烁一次。

（3）当红色指示灯以 1 min 为周期闪烁时，表示 GPS 已经定位。

（4）启动 50 s 后，AIS-SART 发出第一次信号。该设备提供 50 s 的延时，以便于误报警时可以快速关闭设备。

3. AIS-SART 的测试操作

（1）按下测试按钮直到红色指示灯亮为止。

（2）红色指示灯快速闪烁，表示测试正在进行，测试持续时间通常为 1 min。

图 6-18　AIS-SART 的启动

（3）如红色指示灯发出 3 个长闪光,表示测试成功。

（4）测试完成后,AIS-SART 将自动关闭。

注意,频繁的测试会导致 AIS-SART 的总运行时间减少,因此建议每年做一次测试。

（四）便携式甚高频双向无线电话的使用

便携式甚高频双向无线电话用于救生艇筏之间及救生艇筏与搜救单元之间的现场紧急通信。该设备配备了有效期为 5 年的备用电池,平时放在尽可能靠近救生艇筏的地方,应急时应带入救生艇筏内使用。

甚高频双向无线电话有多种型号,下面介绍比较常见 ICOM 公司的 IC-GM1500 甚高频双向无线电话(见图 6-19),这是一款救生艇筏双向无线电话。

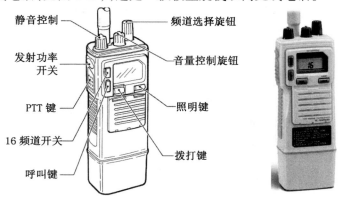

图 6-19　IC-GM1500 甚高频双向无线电话

1. 功能键

（1）静噪控制旋钮[SQL]

（2）发射功率开关[HI/LOW]

选择高或低的输出功率,也可以激活其他键附属功能。

（3）PTT 键(按键式对话)[PTT]

按下 PTT 键,发射信号;松开 PTT 键,接收信号。

（4）16 频道开关［16］

16 频道是遇险呼救频道,它用于与其他站台建立初始联系及应急通信。接通电源时,机器自动选择 16 频道模式。

（5）呼叫键［C］

选择呼叫频道模式。呼叫频道用于存储最常使用的频道,以便快速调取。按下［HI/LOW］键,同时选择呼叫频道写入模式。

（6）频道选择旋钮［CHANNEL］

在拨打模式下设定一个工作频道。

①选择呼叫频道模式;

②按下［HI/LOW］键,同时按下呼叫键［C］,16 频道显示闪动;

③转动频道选择旋钮［CHANNEL］选择所要的频道;

④按下发射功率键［HI/LOW］,同时按下呼叫键［C］找到所选择的频道,停止闪动。

（7）音量控制旋钮［OFF/VOL］

接通和关闭电源,调节音量。

（8）照明键［LIGHT • LOCK］

开启和关闭照明灯;按下［HI/LOW］键,可以启动锁定功能。

（9）拨打键［DIAL］

选择拨打模式。在此模式下,可以在 19 个国际通信频道中选择一个通信频道。在 16 频道建立初始联系后,使用此模式选择一个频道继续通信。

2. 功能显示

（1）发射显示:发射时出现。

（2）锁定显示:启动锁定功能时出现。

（3）呼叫频道显示:当处于呼叫模式时出现。

（4）发射功率显示:在选择低输出功率时显示;选择高输出功率时消失。15 和 17 频道上不能选择高功率。

（5）"忙"显示:当正在接受信号或静噪控制旋钮［SQL］逆时针方向开启过大时出现。

（6）频道显示:在呼叫频道模式或拨打模式下出现。

（7）电量不足显示:当电池需要充电时显示。

（8）频道号码显示:显示选定的工作频道号码。

3. 使用方法

（1）顺时针旋转音量控制旋钮［OFF/VOL］,接通电源;

（2）逆时针旋转静噪控制旋钮［SQL］至最大;

（3）用音量控制旋钮[OFF/VOL]调节音量至适宜水平；

（4）顺时针转动静噪控制旋钮[SQL]，直至噪声刚好消失为止；

（5）按住[PTT]键，开始讲话；

（6）松开[PTT]键，开始接收。

天线的高度与通信的距离密切相关，对于便携式甚高频双向无线电话来说，天线越高，通信距离越远。因此，为了增加 VHF 的有效发射距离，在不危及操作者安全的情况下，应尽量在高处使用便携式甚高频双向无线电话。

4. 遇险通信要求

（1）应急通信时，应使用标准通信用语来表达。

（2）发送遇险信息时，为防止遇险信号被误解，应以三遍 Mayday 开头。

（3）通信时应注意语言简明扼要、清晰、声音洪亮，关键信息应重复。

（4）确认已收到信息并理解应以 Roger 结束。

二、正确使用视觉信号设备

（一）火箭降落伞火焰信号的使用

火箭降落伞火焰信号有很多种，它们的主要区别在于发射装置不同。比较常见的有压发式和拉发式两种。使用时应注意使用说明，按其要求操作。下面介绍压发式和拉发式火箭降落伞火焰信号的使用方法。

1. 压发式火箭降落伞火焰信号

压发式火箭降落伞火焰信号使用方法如图 6-20 所示：

（1）撕掉塑料袋，拆下顶盖及底盖，并注意保持外壳上的箭头方向朝上。

（2）放下底部触发器的铰链式压杆，一手握住火箭筒，垂直高举过头，另一手手掌托在压杆上。

（3）把压杆上推，双手迅速紧握火箭，有风时可略偏向上风，火箭很快会发射出去。

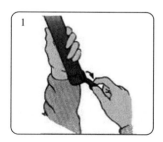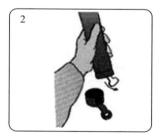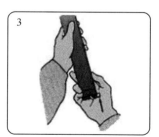

图 6-20　压发式火箭降落伞火焰信号使用方法

2. 拉发式火箭降落伞火焰信号

拉发式火箭降落伞火焰信号使用方法如图 6-21 所示：

（1）撕掉塑料袋，拆下顶盖及底盖，并注意保持外壳上的箭头方向朝上。

（2）将降落伞火箭信号下端的拉索取出；

（3）一手握住信号举过头顶，并保持信号顶部向上，另一手拉动拉索；

（4）火箭信号发射出去。

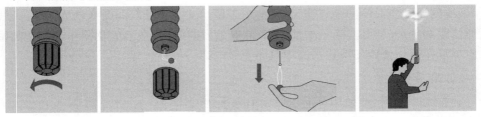

图 6-21 拉发式火箭降落伞火焰信号使用方法

发射火箭信号时应特别注意：有些火箭信号在发射时往往会有一段时间延迟，应尽量用双手握住火箭筒体。但如果击发 10 s 后火箭还没有发射出去，则应尽快将火箭信号抛入水中，以防发生危险。

（二）手持火焰信号的使用

常见的手持火焰信号主要有擦发式、拉发式和击发式三种点燃方式。使用时应按其说明书及图解进行。点燃后应注意将信号伸出救生艇筏下风舷外，并应向下风倾斜，以防手被火焰烤伤，筏体被烧坏。

（1）擦发式手持火焰信号操作步骤：

①撕去外面的防水袋，取出手持火焰信号。

②先将底部的胶带撕掉，然后再把顶部的胶带及盖子去掉。

③一只手握紧火焰信号，另一只手用底盖里的擦头去擦火焰信号上部，即可引燃火焰信号。

（2）拉发式及击发式手持火焰信号有一个机械装置，操作比较方便。

通常，打开拉发式手持火焰信号的顶盖或底盖会露出一个拉环，只要向外猛拉拉环，就可点燃火焰信号（见图6-22）。

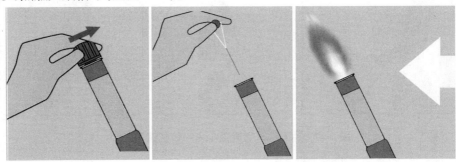

图 6-22 拉发式手持火焰信号使用方法

击发式手持火焰信号使用时，需转动把手下部一定角度，然后用力向上一推，火焰信号即可点燃。

（三）漂浮烟雾信号的使用

每个漂浮烟雾上都注有使用说明及简明的图解,使用时应按规定的要求操作。其步骤如下(见图6-23):

(1)撕去塑料密封袋,揭去盖子,露出拉环。

(2)拉掉拉环,开始引燃发烟。

(3)将信号罐抛入下风舷水中或持在手中,让其发烟漂浮。

图 6-23　漂浮烟雾信号使用方法

（四）日光信号镜的使用

使用日光信号镜光亮平面反射日光,射向船舶或者飞机可以引起驾驶员的注意。

日光信号镜的一角有一个观测孔,围绕观测孔刻有同心圆环及十字线。将信号镜和瞄准环配合使用。其使用方法如下(见图6-24):

一手拿住信号镜,将观测孔放在眼前,镜子的光亮面对着船舶或飞机,在较远的位置用另一只手拿着瞄准环也对准船舶或飞机,设法通过观测孔和瞄准环的孔看到目标,注意应设法使信号镜观测孔周围的十字线和同心圆的阴影正好落在瞄准环的四周,日光即能准确反射到目标上。

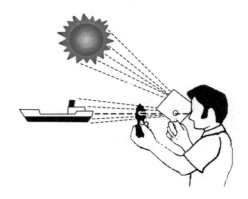

图 6-24　使用日光信号镜

第五节　正确使用海锚和流锚

一、海锚(Sea-anchor)

(一)海锚的作用

海锚是配备在救生艇中的一个专用设备,适用于救生艇在漂流待救时,控制救生艇位置的特殊设施(见图 6-25)。其主要作用有:

(1)在大风浪中漂流待救时,抛出海锚,控制救生艇处于顶风顶浪的状态,防止救生艇被风浪打横,避免救生艇被正横来的风浪造成倾覆。

(2)在漂流待救时,抛出海锚,减缓救生艇随风流漂移的速度,尽可能保持在难船附近的位置,以便于被搜救船舶、直升机发现,早日获救。

图 6-25　救生艇海锚

（二）海锚的构造

海锚一般由四部分构成,包括:海锚本体、拖索、回收索、海锚索。

海锚本体一般为锥形或截锥形,海锚所用的材料应易于透水和耐腐蚀,一般由细纹帆布制成,国家标准(GB/T 23302—2009)规定了海锚的规格尺寸要求(见表6-1)。海锚的拖索应耐腐蚀,并且是编织结构。其长度至少为30 m,直径至少为8 mm,破断强度至少为10 kN。回收索的长度应大于拖索。海锚索可以防止海锚自身的摇摆与翻滚(见图6-26)。

表6-1 救生艇海锚本体尺寸要求(单位:mm)

救生艇	海锚		最小海锚索长度
	最小开口直径	最小斜面长度	
长度不大于6 m的救生艇	600	780	780
长度大于6 m且不大于9 m的救生艇	700	920	920
长度大于9 m的救生艇	800	1050	1050

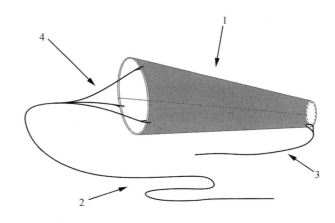

图6-26 海锚结构
1—海锚本体;2—拖索;3—回收索;4—海锚索

（三）海锚的抛放操作

在抛放海锚前,先检查海锚、海锚索、拖索和回收索是否处于良好的使用状态,如果在强度、构造上没有问题,将拖索系固在艇首缆桩上,或者系在艇首横座板上,操纵救生艇艇首处于顶风顶浪状态,救生艇在风浪的作用下,救生艇随着下风流方向有了漂移的速度,开始进行海锚的抛放操作(见图6-27):

（1）从救生艇艇首将海锚抛出艇外,控制拖索在救生艇慢慢向后移动的作用下逐渐吃力,回收索不可以受力。

（2）待拖索已经松放出去,海锚在救生艇向后移动的作用下,大量的海水从大口进

海锚

图 6-27　海锚抛放操作

入,从小口排出,海锚在海面上有规律地上下起伏,海锚抛放成功。

（3）将回收索松弛地系在艇首,注意观察缆绳与艇的接触部位,磨损程度是否严重,需要时在磨损部位进行包扎保护。

（4）海锚抛放操作完毕,救生艇上值外勤的人员,要经常注意观察海锚是否处于正常状况。

（5）回收海锚时,只能收拉回收索,拖索不能吃力。

二、流锚(Drogue)

(一)流锚的作用

流锚是配备于救生筏内的特殊装置,用于改善救生筏在风浪中的运动状态。其主要作用有:

（1）增加阻力,减缓救生筏的漂移速度。

（2）防止救生筏在大风浪中倾覆。

（3）使救生筏开口避开风浪。

（4）用于操纵救生筏移动。

图 6-28　救生筏流锚

(二)救生筏流锚的规格

救生筏的流锚的基本形状与救生艇海锚基本一致(见图 6-28)。但其尺寸要求不同于救生艇海锚。国家标准(GB/T 23302—2009)给出了救生筏流锚本体的尺寸要求(见表 6-2)。

表 6-2　救生筏流锚本体尺寸要求(单位:mm)

救生筏	流锚		最小锚索长度
	最小开口直径	最小斜面长度	
载员不大于 10 人的救生筏	400	600	600
载员为 11~25 人的救生筏	500	670	670
载员为 26~75 人的救生筏	600	780	780
载员为 76~150 人的救生筏	700	920	920

（三）救生筏流锚的使用

救生筏中配备两个流锚,很多抛投式救生筏在水中充胀成型时,会自动抛放出一只流锚,另一只装在救生筏属具备品袋中。流锚应布置在避开救生筏开口的位置,以使救生筏的进出口避开风浪,使救生筏内求生者免受风浪的侵袭。另外,由于救生筏无自航能力,在需要操纵救生筏撤离难船或使救生筏向某一目标移动时,可使用流锚来移动。操作方法是:救生筏内的求生者将流锚抛向想要移动的方向上,待流锚充分展开并灌满水后,在海锚持续受力的情况下回收海锚,那么救生筏将向着海锚的方向移动(见图 6-29)。

图 6-29 利用流锚操纵救生筏

第六节 寻找陆地

对于救生艇筏上的遇险者,如果在弃船时,已经发出遇险报警,并收到了回应,那么救生艇艇筏应尽量保持在船舶遇难地点的附近等待救援,直至获救为止。如果遇险者没有收到遇险报警的回应,当在船舶遇难位置附近等待 2~3 天后,依然没被发现,那么,遇险者应设法航行到船舶常用的航线附近或寻找附近的陆地。登上陆地将增加获救的机会。

一、海上辨别识别方向

方向是海上求生过程中非常重要的因素,如果迷失方向、失去位置,就可能失去获救的机会,甚至会导致死亡。同样,在茫茫大海上,正确判断方向,也是寻找陆地和岛屿的前提。因此,学会辨别方向,是作为求生者必须具备的能力。

（一）利用自然现象辨别方向方法

1. 利用日出、日落规律

冬季日出位置是东偏南，日落位置是西偏南；夏季日出位置是东偏北，日落位置是西偏北；春分、秋分前后，日出正东，日落正西。

2. 北极星

北极星是最好的指北针，因为北极星所在的方向接近于正北方向，北极星可通过大熊星座找到。大熊星座包含的北斗七星，七颗星间的连线像一个巨大的勺子，在晴朗的夜空是很容易找到的，勺口两颗星的连线延伸 5 倍于两星之间的距离有一颗较亮的星，这就是北极星（见图 6-30），由北极星向下作一垂线，即正北方向。

图 6-30　利用北极星辨别方向

3. 南十字星

在南半球夜晚天空，利用南十字星辨别方向。南十字星由四颗较亮的星组成，形同"十"字，较长的连线延伸约 4 倍半的距离为南天极，由南天极向地平线做一向下垂线，即正南方向（见图 6-31）。

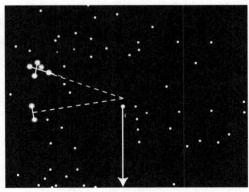

图 6-31　利用南十字星辨别方向

（二）利用仪器仪表定向

1. 手表测向法

（1）北半球：将手表放平，时针指向太阳，在时针与 12 点刻度之间的平分线方向就是南方。

（2）南半球：12 点刻度指向太阳，在时针与 12 点刻度之间的平分线方向就是北方（见图 6-32）。

(a)　　　　　　　　　　　(b)

图 6-32　利用手表辨别方向

（3）若无指针式手表，可凭想象或自制表盘（见图 6-33）。

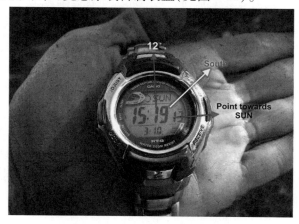

图 6-33　利用无指针式手表辨别方向

2. 磁罗经定向

罗经（见图 6-34）是海上求生非常重要的器材。但要记住：罗经指针指向"北"或"N"是指磁北方向，与真北方向存在一个偏差角度，应测量出磁偏角的数值，以取得准确的罗经方向。

3. 利用 GPS 接收机定向

GPS 接收机(见图 6-35)不仅可以为求生者提供连续的位置,同时也可为求生者提供所需的方向。

图 6-34　艇用罗经

图 6-35　GPS 接收机

二、接近陆地迹象

在海上待救过程中,如不能得到外界的更多支援,艇筏上的指挥人员应能根据失事船舶的船位、本海区的风流分布情况以及漂流时间推算出艇筏的大概位置,可能到达陆地的时间,并在漂移过程中注意观察周围各种现象,判断陆地所在方向,争取到岛屿上待救,这要比在海上待救更为安全有利。判断周围是否有陆地的方法有:

(一)观察天空

(1)在晴朗的天空中,如果大多数白云都在移动,而其中却有一团相对静止的积云,则表明该云下可能有陆地。这类积云通常是由海洋上的潮湿空气被吹到陆地后,受地面热力抬起作用产生热力对流和抬升运动,在陆地上空形成的对流性的积云,其下方通常有岛屿或陆地。

(2)在极地地区,如果云层中有较浅颜色的映象,那么很可能底下有冰面或者积雪覆盖的陆地。这些映象与开阔的水面在云层中造成的深灰色映象差别很大。

(3)热带水域在天空或云的下端有绿色反光,表示云下有浅水地区(如珊瑚礁等),浅的礁瑚水面或者珊瑚礁反射的阳光常常会使天空呈现青色。

(二)观察海水

(1)海水的颜色也可以作为寻找陆地的向导。因为在深海水域,海水颜色经常呈现的是深蓝或深绿色的。较浅的色调说明水浅,可能靠近陆地了。而在江河入海口处,由于江河里常常含有泥沙,会将海水的颜色变成泥沙色,据此也可找到陆地的方向。

(2)在中、高纬度海区,海豹和海狮类动物一般离岸较近。如发现它们,则说明艇筏靠近了岛屿或陆地。

(3)在夜间如远处水天线附近出现了光蕴、闪光,则可能接近了岛屿或陆地、船只。

(4)发现海面上漂流的海藻中有植物、树枝等,很显然说明陆地就在附近。

（5）不要将海市蜃楼当成陆地，因为那只是非常遥远的景象。在热带地区，可能会产生海市蜃楼的现象，特别是中午时。只要稍稍调整一下观望的高度，海市蜃楼现象就会消失，或者它的外观和高度会改变。

（6）还可以根据波浪的运动方式探测陆地。波浪接近陆地时会被折射回来。跟着波浪前进，水面会因为波浪间的相互作用产生轻微的漩涡，朝着平行于漩涡水面的方向前进，就可以到达陆地。

（三）观察鸟虫

（1）相对于深海，陆地附近通常会发现更多的鸟。黎明时分鸟儿飞来的方向以及它们黄昏时飞去的方向可能就是陆地的方向。白天时，鸟儿到处觅食，它们的飞行方向没有什么特别的意义。可根据鸟的早出晚归的觅食规律判断陆地或岛屿的方向。

（2）如发现蚊子、苍蝇、蜻蜓、蝴蝶等昆虫，岛屿或陆地很可能出现在上风处。

（四）注意灯光、声音和气味

（1）有雾时，或者下雨时，或者晚上，可以通过气味和声音来探测陆地。海边树林、沼泽地腐烂、霉味以及和淤泥地发出的特殊气味可以传至很远。

（2）有时海面飘来燃烧物质的气味（木材、煤炭、燃油、塑料、乙醇等）甚至炊烟的味道，预示岛屿或陆地就在上风处，但也有可能是过往的轮船。

（3）浪花拍击岸边发出巨大的声音，在远处没看见浪花之前就能听到它的咆哮。从一个方向持续不断地传来海鸟的叫声，说明距离它们所栖息的陆地可能已经不远了。

（4）夜晚，远处有闪闪的灯光，预示可能是陆地、岛屿、船只或灯标。但要认真分辨是灯光还是星光。

实际在海上判断陆地、岛屿的位置时，应同时使用上述各种方法，进行全面观察、综合判断，才能有效地发现附近之岛屿或陆地。绝不能片面、孤立地使用一种方法进行主观判断。

三、登上荒岛

海上待救人员发现岛屿后，应尽快将救生艇筏驶向岛屿附近，登岛前应注意观察和了解岛屿及其周围风、流和水深情况，在没有探明岛屿情况之前，绝不可以冒然弃艇登岛。

由于岛屿四周的水流情况比较复杂，往往存在着暗礁和拍岸浪，特别是拍岸浪，从海上看到的似乎不如在陆上看到的大，容易使人产生错觉。艇筏进入浪区后，一旦操纵不当，就可能导致艇毁人亡，酿成灾难，所以选择正确的登岛地点及登岛时机对保证艇筏上人员的生命安全是非常重要的。

（一）登岛前的准备工作

（1）所有登岛人员均应穿好救生衣。

（2）事先确定登岛探明情况的人员。尽量选择身体素质好、水性好、技术全面、机敏、果敢的人员担当。

（3）明确艇筏上其他人员在登岛行动中所承担的任务及事项。

（4）准备好舵、桨、海锚、艇锚、钩篙、缆绳等器材，并由专人负责使用。

（5）风浪比较大时，还要准备好镇浪油及碰垫。

（6）做好艇筏物品的绑扎、固定、搬运及登岛的准备工作。

（二）选择登岛地点

（1）尽量选择岛屿的背风面，缓流处登岛。

岛屿迎风一面的风、浪比较大，救生艇筏的操纵能力受到限制。在岛屿的背风面水流则比较平缓，有利于登岛行动的进行。

（2）最好选择沙滩、浅滩、漫坡或泥沙地质地段登岛。

泥沙地质可以避免在登岛过程中损坏艇体或筏体。避免在峭壁、礁石或陡坡地段登岛。

（3）选择岛屿的开阔地带登岛，应避开岛屿的岬角处或风急、浪高处。防止因"岬角效应"发生危险。

（4）要选择白天涨潮后一段平流时间内进行登岛。要避免夜间登岛，以防发生危险。

（三）登岛方式

（1）登岛过程中，应保持艇首迎风、迎浪，防止艇筏在浪中打横，必要时可使用海锚协助登岛行动。

（2）机动救生艇保持艇首向岸，以便有效操控救生艇。

（3）在预先选择好的地点登岛，看准时机，尽量选择浪头，借助其涌浪的冲力上岸，可取得更好的效果。

（4）在接近岛屿过程中，如遇海面、水下情况比较复杂，不可冒进。可在艇筏前部利用钩篙、桨、探测绳索等工具，采用边探测边前进的方式。

（5）先登上岛屿的人员先用缆绳将艇筏相对固定后，其他人员迅速搬运转移各种物品，然后依次登岛。

（四）登岛后艇筏管理

（1）迅速将艇筏上所有有用物质搬运岛上安全地点。

（2）救生筏是最好的帐篷，尽量将其搬到岛上。

（3）应尽可能将救生艇拉到岛屿位置较高处保管好。如不能拉到岸上，最好找到安全避风处锚泊。

第七章

获救

船舶遇难,当求生者在海上漂泊了一段时间,经历了各种不同的困难和艰险,最期盼的就是获得外来的援助,成功脱险。而面对外来的援助,了解参与救助的船舶和飞机进行海上搜救的相关知识,掌握必要的获救方法,能够正确地配合外来的援助,也是作为求生者最终成功脱险所必需的。

第一节　船舶救助

一、救助船收到遇险信息所采取的行动

船舶救助是海上最为常见的救助方式之一。救助船舶收到遇险船舶或来自 RCC 以及其他船舶、飞机转发的遇险信号后,应立即采取下列紧急行动:

(1)确认已收到遇险呼救电文后,如可能,尽量收集遇险船舶位置、事故情况及伤亡人数等信息。

(2)立即调整本船航向,全速驶向失事海域。

(3)开启通信设备,保持在以下遇险呼叫频率值守。

①2 182 kHz(无线电话);

②156.8 MHz(甚高频 16 频道)。

(4)在与遇难船舶建立联系后,迅速通报本船船名、呼号、船位、航速及预计到达时间等信息。

(5)向遇难船舶进一步确认其准确位置及名称、呼号、事故情况及人员伤亡情况。

(6)注意其他救助船舶的位置和动态。

二、营救前的准备工作

在驶往救援现场的途中,救助船舶应做好营救前的各项准备工作:

(1)沿水线从船首到船尾系好一条大缆,并在大缆上绑一些小绳与船舷连接,以供救生艇筏系靠;

(2)在最低开敞甲板的两侧备妥撇缆、软梯和爬网,必要时应指定几名船员准备下水营救遇险者;

(3)备好一只救生筏,以便在需要时作为登船站;

(4)准备好对求生者的医疗救助,包括担架;

(5)备妥抛绳设备及与之相连的索具;

(6)准备使用自己的救生艇时,应做好放艇准备并配备相应的通信工具。

三、驶近出事海域所采取的行动

(1)救助船舶应开启雷达,交替使用雷达的远近距离档,注意寻找遇难船舶或救生艇筏的回波。

(2)当求生人员开启 SART 时,它可以接收到附近船舶 X 波段的雷达信号,并受其触发,使其主动部分开始工作,救助人员可根据 SART 一系列亮点中离荧屏中心最近的一点的方位和距离即可找到幸存者所在的位置。

(3)救生艇筏上配备的雷达反射器也有助于增大雷达的探测距离,使救助人员及早发现艇筏上的求生者。

四、抵达出事海域所采取的行动

(1)加强视觉瞭望,白天利用望远镜,夜间开启探照灯严密搜索海面;

(2)当遇到雾天及能见度较差的天气时,可鸣汽笛、雾号、锣、哨等声信号吸引求生者的注意;

(3)夜间还可发射各类焰火信号,以引起遇难者的注意。

五、救援遇难船舶所采取的行动

(一)救援船派出救助艇救助

(1)救援船在难船的上风侧停泊,并降放出下风舷救助艇至难船;

(2)求生人员迅速登上救助艇返回救助大船,由舷梯、登乘梯或直接吊艇登船。

(二)救助遇难艇筏人员及落水人员

对已在遇难船救生艇筏的求生者,应采取下列行动:

(1)救援船在遇难艇筏上风停泊,并指挥遇难艇筏配合行动。

(2)当救援船驶近遇难艇筏时,艇筏内人员应收回海锚或流锚。

（3）由救援船向遇难艇筏抛投绳缆。必要时可采用抛缆设备,但要注意人员安全。

（4）当遇难艇筏带好缆绳后,由救援船上人员牵拉艇筏至舷边,可采用下列方式登船：

①最好利用起重设备将遇难艇筏及人员一起吊上船,这样可以节省遇险人员的体力并使之及早得到护理。

②可将求生者转移到救助船的救助艇中再吊起。

③放下舷梯、登乘梯,协助求生人员直接登船。

（5）在舷边张挂救生网,供漂浮在海上的求生人员攀附。在网的两个下角各连接一根吊索通往起货机,绞拉吊索,缓慢将求生人员吊起。

（6）如有大群求生人员漂在水面时,可拖曳带有救生圈或救生衣等浮力较大的缆绳,在漂浮者上风处低速绕圈,让人员攀附其上再设法救起。

（7）如有可能最好还是放下救生艇,将漂浮者逐个救上艇。

六、船舶救助的注意事项

（1）遇难的艇筏不要横在船首或船尾部。

（2）遇险人员在接受救援过程中,应尽量配合救助,听从救助人员的指挥,主动地在船舶正横方向上集结,避免在大船的船首或船尾方向上漂浮,以防发生危险。

（3）首先救助处在较危险的一方,如即将沉船上的人员、落水人员及生命受到危害的人员。

（4）风浪过大,可使用镇浪油。

第二节 直升机救助

直升机可用于供应物质,救助或转移人员。运用直升机实施海上搜救,具有出动快速、机动性强、受天气海况影响小、视野开阔搜寻范围大、救助成功率高等特点,是海上人命救助最高效的手段之一。为了提高搜救效率,避免直升机与船舶之间进行救助作业时出现问题,增加损害程度,海上人员要懂得直升机救助系统,了解搜救直升机的特点、救助作业程序及方法,能紧密地配合直升机救助过程,发挥其最大的工作效率,达到最佳的救助效果。

一、海上搜救直升机的特点

（1）直升机的最大特点是可以垂直升降,可以在较小的场地安全升起和降落,并能在空中悬停。直升机是非常理想的海上搜寻救助工具。

（2）直升机可以在最短时间内到达遇险船舶,从而为抢救生命赢得宝贵的时间。

（3）直升机活动半径一般为自基地起至 300 n mile,当有空中加油时直升机可以飞行更远。

（4）直升机可搭载人数，依据飞机类型而定，一般人数限制在 1~30 人之间。直升机的重量是限制每一架次救起幸存人员人数的一个因素，通过减少不必要的设备，或采取最少的燃料负荷和缩短飞行距离等方式减少直升机的重量，可以增加搭载人数。

（5）直升机在海上搜救时，船舶遇险海域的能见度状况、风力大小和遇险船的摇摆程度等因素也将直接影响直升机救助工作能否顺利进行。

（6）直升机抗风能力一般为 10 级，风速不超过 50 kn。一般情况下，船舶横摇或纵摇超过 5°，直升机就难以降落在船舶甲板上，此时需要船长适时调整航向和航速，减轻船舶摆动和甲板上浪。

（7）直升机接近海面飞行时，由于旋翼产生的下冲气流和海面之间相互干扰而形成地面效应（见图 7-1）。直升机离海面越近，这种现象就越明显。曾发生过直升机在海上搜救过程中，产生的下冲气流掀翻救生筏的事件。

（8）直升机在船舶上的作业区应为用白色油漆绘上"H"字样的甲板或舱盖区域（见图 7-2）。

图 7-1　直升机下降气流图

图 7-2　直升机降落区

二、常用直升机救助设备

(一)救助吊带

救助吊带(见图 7-3)最适合于快速地吊起人员,是直升机救助最常用的一种救助设备。其使用方法为:

(1)将吊带的圆环由头部套入,绕过后背并夹在两腋之下,吊钩置于胸前;

(2)用吊带上的收紧环,将吊带收紧;

(3)带妥吊带后,眼睛直视直升机,向直升机绞车手做起吊手势;

(4)吊升时两臂自然下垂。

图 7-3 救助吊带

(二)救助吊篮

救助吊篮(见图 7-4)也是救助直升机的主要吊救用具。存放时吊篮提手可内折入篮内。吊篮的浮具提供了浮力,篮架为吊升中的人员提供保护,避免吊升中的人员直接撞击船上设备。使用时,人员身体不得伸出吊篮外,最好保持双手抱膝身体蜷起的姿势,要注意吊篮不要挂住船上任何装备。

图 7-4 救助吊篮

（三）救助吊笼

救助吊笼（见图7-5）的形状类似锥形鸟笼，前侧敞开；遇险者进入笼中面向外坐下，抓紧绳网即可吊升。

图 7-5　救助吊笼

（四）救助吊座

救助吊座（见图7-6）非常像一个带有两个锚爪（座位）的锚。吊升时，被吊人员可以跨坐在座位上，双臂抱住锚杆便可。

图 7-6　救助吊座

（五）救助担架

救助担架（见图7-7）专用于吊升遇险的伤病员，它与船上的担架不同，装有索带并由特殊吊钩与升降机的吊索迅速而安全地连接或脱卸。

（六）救助袋

救助袋（见图7-8）是一种非刚性吊床式担架，这种设备的操作类似于救助担架，但

图 7-7　救助担架

其能把伤病员包裹在袋子内,使伤病员免受外界环境和直升机下降气流的影响。

图 7-8　救助袋

(七)放电绳

直升机在作业时,直升机机体与空气摩擦容易产生大量静电。地面人员如果直接接触就有受到电击的危险。因此,很多直升机配备了一根放电绳(见图7-9),其长度大概3 m,吊升作业前安装在吊钩上,以确保被吊升人员接触吊升设备前,放电绳接触甲板或水面放电。

(八)高空引导绳

直升机在救助时,由于人员较多,往往要进行多次吊运。为了加快吊运的速度,需要使用高空引导绳(见图7-10)。高空引导绳由救生员带到吊运区,连接在吊钩上,当一次起吊结束后,拉动高空引导绳,使吊升设备快速到达吊运区。尤其在恶劣海况下,吊运区摇摆不定时,高空引导绳非常重要。另外,在吊升担架过程中也要利用高空引导绳来控制担架在吊升过程中的旋转。

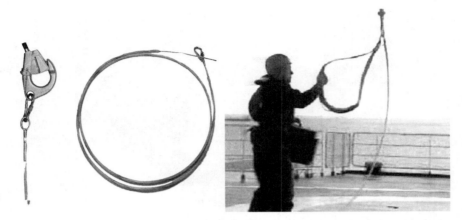

图 7-9　直升机放电绳

图 7-10　直升机高空引导绳

三、遇难船舶在直升机到达前的准备工作

(一)船舶与直升机的联络

1. 无线电联络

船舶与直升机间应建立直接的无线电联系,交换情况和沟通意图,包括:

(1)通信使用的主要和备用的工作频率;

(2)现场天气,包括风向、风速、浪高、能见度、估计的云底高度等;

(3)确切的船位;

(4)船上人员的数量及状况,是否需要医疗看护;

(5)任何有助于直升机选用救助用具的信息。

2. 现场手势信号联络

直升机对船舶的救助,需要船上和直升机上的人员配合作业。救助中,由于噪声可能严重干扰船与直升机之间的无线电通话。因此,在救助现场,有时需要运用手势信号进行联络。直升机手势信号种类很多,下面仅介绍常用的手势信号。

(1)手臂反复地向上、向后摆动,表明船舶准备就绪,直升机可以靠近。

(2)手臂在头上不断地交叉,则表示吊升作业结束(见图7-11)。

可以靠近　　　　　　　作业结束

图7-11　指挥直升机手势信号

(3)吊升:抬起手臂,四指紧握,拇指朝上。

(4)停止吊升:抬起手臂,握拳。

(5)下降吊索:单臂越过头顶,四指紧握,拇指朝下(见图7-12)。

吊升　　　　　　　停止吊升　　　　　　　下降吊索

图7-12　指挥起吊设备手势信号

(二)船舶的准备工作

遇难船舶在直升机到达前应做好各项准备工作。

(1)驾驶台根据海况或直升机驾驶员要求,控制船舶保持迎接直升机救助的最佳姿态。

(2)甲板部应配备足够的人员,负责作业的人员必须携带无线电对讲机,保持与驾驶台通信联系。

(3)如在夜间,船舶应尽可能开启所有照明(特别是照亮作业区域),但注意这种照明不能妨碍直升机驾驶员的视线。

(4)在直升机降落区域周围尽量清除有碍的钢丝及障碍物,系牢或移走作业区域内或其附近的散放物品,保持作业区及进出通道的清爽、畅通,为防止直升机旋翼引起尘土飞扬,如需要应事先冲洗甲板。

（5）当直升机进入视线范围内时：

①难船人员白天可使用橙黄色烟雾信号、日光反射镜。

②夜间可使用降落伞火箭信号及手持火焰信号，以引起直升机驾驶员的注意。

③直升机临近时，升起三角旗或风袋，为直升机驾驶员显示风向。

（6）做好应急消防工作。启动消防泵、准备好消防皮龙及便携式泡沫灭火装置、干粉灭火器，但不能妨碍直升机降落或吊升作业。

（7）备好救生艇，并使其处于随时可用状态。所有甲板人员应穿着救生衣，戴好安全帽，控制吊钩的人员穿戴好电工用的绝缘胶手套和鞋子，防止静电电击。

（8）作业现场要准备好太平斧、撬棍、钢丝剪、红色应急信号和医疗急救物品等。

（9）直升机即将到来时，关掉雷达或将其置于待机状态。

四、直升机救助方式及安全注意事项

（一）直升机降落甲板作业

一般小型直升机，可直接降落甲板指定区域，完成装卸及登乘作业，船上人员应注意：

（1）船舶甲板人员在直升机着陆前应远离作业区，现场的指挥人员应站在着陆点的上风显著位置，能够看到直升机驾驶员，以便给出相应的信号。

（2）直升机驾驶员或绞车手显示可以安全接近的信号后，甲板人员才可以上前协助人员上下飞机或卸下物料。甲板人员接近直升机时，应避开直升机危险区域，从安全区域接近。其中，绿色区域为安全进入区域，黄色区域为飞行员允许后可接近区域，红色区域为危险区域，禁止进入（见图7-13）。

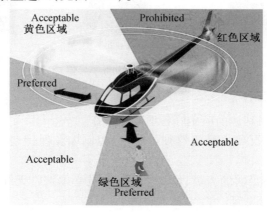

图7-13　直升机危险区域

（3）在飞机飞离前，甲板人员必须离开，甲板上的负责人员在向直升机驾驶员发出可以升起信号前，应检查周围是否清爽。

（二）直升机悬停吊升作业

大型直升机通常不宜在大船降落，可采用空中悬停，实施吊升作业，船上人员应注意：

（1）船舶应遵循机长的要求，采取相应的航向和航速，并保持稳定的航向和航速。

（2）直升机临空后，非必要时尽量不要与飞行员通话，除非飞行员要求。

（3）除指定人员外，其他人员不要向直升机做手势。

（4）吊升期间，船员必须确保吊升物体不会挂住船上任何部位。

（三）直升机对遇难救生艇筏上人员实施救助

为了便于直升机的救助行动，在救生艇筏上的人员应做好下列事项（见图7-14）：

（1）直升机在救生艇筏上方悬空时，直升机向下气流的冲击会造成强劲的大风，救生艇筏可能会倾覆，因此在吊升时，艇筏上人员应聚集在中部。救生筏如果倾覆，应立即扶正，若无法扶正，则用刀割破筏底，救出筏内人员。

（2）所有被吊起人员均应穿着救生衣，除非因穿着救生衣将使伤员病情恶化者才可以不穿。

（3）伤病员在吊升时不要穿着宽松衣物，戴帽子、头巾或遮盖未经捆扎牢固的毛毯等物。

（4）艇筏上人员为避免吊升设备的金属部分带有静电与人体产生放电现象，应先让其接触海水后再抓紧吊升设备。

（5）为了便于对直升机驾驶员指示救助现场的风向，艇筏上应设法举旗并使其随风飘扬。也可以用艇镐举起衣物使其随风飘扬。

（6）在直升机吊救人员时，机上与艇筏之间可用手势信号联络。

（7）最后一名由直升机吊升离开救生艇筏的遇险者在离开艇筏时，应将艇筏上的示位灯、示位标关闭。

图 7-14 直升机对遇难救生艇筏上人员实施救助

（四）直升机对落水者实施救助

直升机在海上搜寻发现海面的落水者后,会立即将直升机在落水者上空旋停,一般采取由直升机专业救生员直接实施救助或放下吊升装置进行救助。

1. 直接施放救助设备救助

常见的救生设备有:救助吊带、救助吊篮、救助吊笼及救助担架等。其中救助吊带应用最为广泛。当救助吊带由直升机施放下来后,落水者可以按照下列步骤接受救助,如图 7-15 所示。

图 7-15　单人吊升操作图

（1）必须等救助吊带落水放电后,迅速抓住;

（2）将救助吊带套入,绕过后背并夹在两腋之下,吊钩置于胸前;

（3）用吊带上的收紧环,将吊带收紧;

（4）准备完毕后发出"吊升"信号;

（5）吊起时,保持面部对着吊钩,手自然垂于两侧,始终保持吊带不脱钩、不滑落;

（6）接近直升机舱门时,不要试图帮助救生员,机组人员会以最快的速度协助被救人员将身体转至背对舱门,并帮助被救人员进入飞机;

（7）接到指令后,方可脱去救助吊带,在指定地点坐好。

2. 直升机放下救生员实施救助

在某些场合落水者由于体力消耗过大,可能已失去活动能力,这时直升机驾驶员会使用双起吊的方法,即放下救生员帮助救助。目前在我国直升机救助大多数都采用此种方式,如图 7-16 所示。

（1）直升机直接吊放下救生员,并携带救助吊带;

（2）救生员迅速接近落水者,并帮助套上救助吊带;

（3）救生员双腿夹住落水者;

（4）发出吊升信号;

（5）接近直升机舱门时,机组人员会协助进入飞机。

图 7-16　双人吊升操作图

参考文献

［1］IMO. SOLAS 公约：2014 综合文本. 北京：人民交通出版社，2014.

［2］IMO. 国际救生设备规则. 北京：人民交通出版社，2016.

［3］交通部救助打捞局. 海上救助实用指导手册. 北京：人民交通出版社，2007.

［4］IMO. STCW 公约马尼拉修正案. 大连：大连海事大学出版社，2010.

［5］李同钦. 救生艇筏和救助艇操作与管理. 大连：大连海事大学出版社，2012.

［6］单浩明. 基本安全：个人求生. 大连：大连海事大学出版社，2012.

			打开艇架上的制动器，操纵吊艇架	救生筏扶正
			管理登乘梯，检查登乘人员及其救生衣着装，照料登乘	管理登乘梯，检查登乘人员及其救生…
			操纵艇内遥控拉索，打开刹车，使艇下降到水面时松遥控拉索	抛投救生浮环，协助落水人员登乘…
			操纵艇内自动脱钩手柄，使艇与吊艇索脱开	解脱与船舶连接的拉索，使筏脱离…
			发动艇机，使艇迅速离开船舶	管理海锚，控制救生筏漂流速度

救 生

驾 驶 室	
二 副	协助船长、瞭望、操纵车钟，管理烟火探测器
驾 助（或实习生）	联络传令，悬挂信号，管理操纵抛绳器，抛投带自亮浮灯和救生索的救生圈
高级值班水手	操舵，协助瞭望，协助驾助工作

消 防

消 防 队			救 护 队		
任 务	执行人	集合地点	任 务	执行人	集合地…
队长：现场指挥			队长：救护指挥		
副队长：队长接替人、协助队长工作			副队长：队长接替人、协助队长工作		
消防员：探火、抢险			携带急救药箱、救护		
切断有关电路、关闭风机			携带担架		
关闭防火门窗、舱口、孔道、通风筒			安全守卫		
管理消火栓、水龙带、水枪			预备人员、待命		
携带手提式灭火器					
隔离火场附近易燃物					
管理国际通岸接头					

注： 1. 应变部署表中的任务可以一人多职，也可以一职多人。

2. 船长的接替人为大副。

3. 弃船救生集合地点如与登乘地点不同，全体船员听到弃船救生信号后，
   应穿好救生衣，先到集合地点集合，集合地点一般应在救生艇筏甲板。

4. 符合 SOLAS 公约第Ⅲ章第Ⅴ节第 47 条要求的救生艇可做救助艇用。

署表

船公司：

信号，如有可能并应伴随有线广播，船员听到

■■■■■■■■(七短一长重复连放一分钟)
■■■■■■■■■(三长声)

	主 要 消 防 设 备 位 置	
消防员装备	
二氧化碳间	
手提式泡沫枪	
消火栓、水龙带	
应急消防泵	
手提式灭火器	
国际通岸接头	
氧气瓶	

	26	27	28	29	30	31	32	33	34	35	36	37	38	39	40	41	42	43	44	45	46	47	48	49	50

主 动 作

弃 船 时 任 务	执 行 人
关闭有关机器，操纵遥控阀门及电钮	
携带艇电台，投放救生艇筏应急无线电示位标	
携带双向无线电话	
管理操纵抛绳器	

动 作 与 任 务

筏	开 敞 式 救 生 艇	右 舷	
		艇号	筏号
	艇长，持有艇员名单，核对艇员，指挥放艇	**执 行 人**	
	副艇长，协助艇长工作，操纵放艇机		
	管理操纵集合地点应急照明和救生艇电气设备		
拉索，使其充气成型	脱前扣绳搭钩，打开艇底前支座或垫木		

救 生 设 备 位 置	
救生衣	
救生圈	
求救信号	
艇电台	
应急无线电示位标	
双向无线电话	
抛绳器	
毛毯	

货船应变部

船名：

紧急报警信号：根据船长指令，用报警器或汽笛发出如下紧急报警信号。
报警信号后，应立即着装就位。

消防：■■■■■■■■■■(短声连放一分钟)　　弃船救生：■■■■■■

解除：■■■■■■■■■■■(一长声)　　人员落水：■■■■■■

编 号	1	2	3	4	5	6	7	8	9	10	11	12	13	14	15	16	17	18	19	20	21	22	23	24	
职 务																									
姓 名																									
艇 号																									

弃 船 救 生

弃 船 时 任 务	执 行 人
降国旗，施放最后求救信号	
携带船舶证书及重要文件	
携带有关海图、航海日志、轮机日志、电台日志	
携带现金及账册	
携带食品、毛毯	
关闭水密门窗、舱口、孔道、甲板开口	

左 舷	
艇号	筏号

放 救 生 艇 筏

执行人	全 封 闭 式 救 生 艇	救 生
	艇长，持有艇员名单，核对艇员，指挥放艇	管理集合地点应急照明
	副艇长，持有艇员名单，协助艇长工作	松脱静水压力释放器脱钩装置
	管理操纵集合地点应急照明和救生艇电气设备	操纵筏架处于降落位置（如有降筏架）
	打开固艇索脱钩，使固艇索松开	救生筏自动滑入水中或将其抛投水中，拉出充气

	脱后扣绳搭钩，打开艇底后支座或垫木				
衣着装，照料登乘	随艇下，管理救生艇后吊缆，出尾缆及止晃索，脱后艇钩，撑篙				
	随艇下，管理救生艇前吊缆，出尾缆及止晃索，脱前艇钩，撑篙				
船舶	随艇下，携带救生圈，塞住艇底塞，出艇靠把，撑篙				
	随艇下，管理救生艇马达				
	带艏缆，放登乘梯				
	带艉缆，放登乘梯				

生 部 署

		电 台 任 务
无线电员		管理电台，VHF 等通信设备
		协助船长负责船内外通信联系
		根据船长指示，通知弃船救生集合地点

方 部 署

	技 术 队			机 舱		
点	任 务	执行人	集合地点	任 务	执行人	集合地点
	队长：现场指挥			队长：现场指挥		
	副队长：队长接替人、协助队长工作			副队长：队长接替人、协助队长工作		
	管理 CO_2 固定式灭火系统，按船长命令施放			管理操纵主机		
	管理操纵固定式膨胀泡沫灭火装置			管理操纵主机和应急发电机		
	管理操纵 1211 管系灭火装置			管理操纵应急消防泵		
	管理操纵压力水雾灭火系统			管理操纵机舱固定灭火系统		
	管理操纵自动洒水系统			关闭机舱防火门、天窗、孔道、通风筒		
				切断有关油路		
				关闭通风机、切断有关电源		

5. 救助厅的降落可参考救生艇的降落并在放艇任务中适当增设救助、救护和
   担架人员，具体人员由船长临时指定。

6. 航行途中发生"人落水"时，驾驶室固定人员为：船长、制版驾驶员、高级值班水手等。

　　　　　　　　　　　　机舱固定人员为：轮机长、值班轮机员、机工等。

7. 表中"执行人"一栏应填写船员编号。

　　　　船长：＿＿＿＿＿＿＿＿＿＿　　　　　　　　　　　　　　　年　　月　　日